メディアと若者文化

Media and Youth Culture

加 藤 裕 康 ｜編著

小 寺 敦 之
山 内 萌
山 森 宙 史 ｜著
立 石 祥 子

新泉社

はじめに

　若者という言葉は，誰もが知っているにもかかわらず，非常に曖昧な言葉です。辞書には「年の若い人」としか記述されておらず，その言葉が指し示す年齢の範囲さえ明確ではありません。これは一例に過ぎませんが，若者について考えはじめてみると，あらためてそれほど簡単なことではないと実感します。

　若者がかたちづくる文化を「若者文化」と呼びます。この若者文化は，メディアと密接に結びついて形成されてきた側面があります。「若者」が社会の変化によって影響を受けるように，若者文化もまたメディアの変化とともに形を変えていくようにもみえます。特にラジオ，テレビ，パソコン，ケータイなど電気メディアの形態の変化は，ことば，文字，印刷技術がもたらした変化以上に急激であり，新しいメディアの登場をもってさまざまな若者文化が語られてきました。

　そのようなメディアと若者文化のかかわりを，どのように読み解くことができるのでしょうか。「若者」を語ることが難しい時代において，第一線で活躍する研究者たちが，社会学的な視点で「メディアと若者文化」を捉えていきます。

私たちは，自分自身が若者である（あった）ことから，若者のことは知っていると思いがちです。しかし，日本人であれば，日本（文化）のことを知っているとはいえないように，若者であっても若者（文化）について知っているとはいえません。対象をみるときの立ち位置を変えただけで，世界はガラリと様相を変えます。社会学の概念，理論，視点を獲得することでみえる〈若者文化〉の一端は，若者の現在を考え直すきっかけとなることでしょう。

　自分たちとは異なる（ようにみえる）価値観に対しても，自由な立場でみていくことを心がけるのが社会学の基本です。若者文化を考える営みは，他者を理解しようとする試みであり，誤解を恐れずにいえば，それは自分の縛られた価値観を解放しようとする作業といえるかもしれません。本書が，若者文化を見直すきっかけになれば，編者としてはこの上ない喜びです。

加藤裕康

CONTENTS

メディアの変遷と若者

加藤裕康 *Kato Hiroyasu*

時代を先駆ける若者

　一般的に，若者論は「若者」に区分される世代全体の特徴を論じた
ものだと思われがちである。実際にそのような研究は数多くあり，若
者論の代表的な視点であろう。たとえば，日本で最初に青年社会学を
打ち立てた一人，豊澤登 (1953) は，統計的に世代を把握することの意
義を論じた。その一方で「若者論」の多くは，ある時代に顕在化した振
る舞いや現象を先駆的に体現する存在として若者を描いてきた。その
対象として，若者が引き起こした事件が取り上げられることもある。

　戦後混乱期の事件としては，1950年，10代の男女が起こした現金
輸送車強盗事件がある。警察が潜伏先に踏み込んだ際，容疑者は悪び
れず「オー・ミステイク」と発した。逮捕時に撮影された写真には，お
しゃれな格好で足を組んで座る二人の男女が写る。その姿はまるでモ
デルさながらであったという。常識では理解できない若者の振る舞い
に世間の注目が集まり，若者論で散見される事例となった。戦前の価
値観では理解できない若者を「アプレゲール（戦後派）」と呼んだが，こ
の二人の男女の振る舞いが「若者」一般を代表していたわけではない。
ところが，端からみればアメリカかぶれの奇妙な振る舞いも，戦後の
貧しい時代にあって物質豊かなアメリカに憧憬を抱き，生活様式もア
メリカ化していった時代の一端を示しているように感じられ，彼らの
振る舞いは社会に対する一種の風刺や批判として受け取られもした。

　敗戦直後には，『日米會話手帳』(科学教材社 1945) が360万部の空前
のベストセラーを記録し，NHKラジオ「英語会話」(1946年2月放送開
始) が大人気となった。敵性語として排除されてきた英語に飛びつく
日本人の変わり身の早さは，アプレゲールと呼ばれる若者はもとよ

り、「大人」の滑稽な姿を映し出していた（市川孝一 2012: 8, 15）。

　戦前に学校で教えられた教育は、敗戦とともに一変した。子どもた
ちからすれば「正解」を教えてくれるはずの教員の態度は180度ひっ
くり返り、教科書も間違ったとされる箇所を墨で真っ黒に塗られた。
子どもたちからすれば、戦後の混乱期とひとことでくくることができ
ないほど、あまりにも大きな出来事であったことだろう[*1]。そうし
た時代の歪みは、若者だけの間に立ちあらわれた問題ではない。むし
ろ、「大人」側の問題として顕在化したのである。

　犯罪に手を染めた若者をその世代の代表として取り上げることは、
多くの論者が批判してきたことだが、政治や経済、文化的な背景を考
えると、一部の若者が映し出す社会の姿を反省的に捉え直すことはで
きよう。「若者論」が成立しなくなったという議論はたびたびなされて
きたが、そもそも若者全体を捉えることの難しさは、權田保之助（1922:
186-188）が青年の趣味や娯楽について大正時代からすでに論じてい
たように、大都市と小都市、農村と漁村では異なり、同じ地域に住ん
でいても職業によってさまざまである。權田は「学生」という共通項
をもって青年を代表するものとして扱うが、それは新しい趣味や娯楽
にいち早く接触するのが学生であり、そこから一般青年や民衆へと広
がっていくからだった。

メディアと若者文化

　そのような傾向はメディアについての議論にも共通する。新しいメ
ディアの登場は、若者の独特な振る舞いを生み出し、周囲から問題行
動として批判の対象となった。そのようなメディアに対する不安は、
アカデミズムにおいても効果研究として成立し、連綿と続けられてき

た。効果研究とは、メディアを利用することで人間がどのような影響を被るかを調べるものだ。ラジオ、テレビ、ビデオゲーム、パソコン、インターネット、スマートフォンなど、そのときどきの新しいメディアが、どちらかといえば悪いものであることを前提として研究の対象となってきた[*2]。

そうした新しいメディアのおもな担い手とされたのは、多くの場合、若者だった[*3]。実際に、メディアと若者の結びつきを前提とするようになったのは、「ニューメディア」が注目を集めた1980年代であると考えられる。ニューメディアは融合性、双方向性、ネットワーク性の三つの特質を有するメディアを指す（児島 1996: 2）。文字や画像、音声、動画は別個のメディアとして扱われていたが、ニューメディアでは、それらが融合する形で出現したのである。具体的には、衛星放送、ケーブルテレビ、パソコン、家庭用ゲーム機、ビデオテックス、ファクシミリなどがあげられる[*4]。「ニューメディアブーム」が叫ばれるなか、そうしたメディアを巧みに使いこなす新人類（ニュータイプ）として若者は浮上した。

家庭用ゲーム機やビデオデッキの普及は、見るだけのテレビを操作する対象に変えていく。NHKが難視聴地域の解消を目的として衛星放送を開始したのは1984年、ケーブルテレビとともに1990年代にかけて多チャンネル時代を切り開いた。1984年は、日本電信電話公社（NTTの前身）がキャプテンシステム（ビデオテックス）を立ち上げた年でもある。キャプテンシステムは文字や画像で情報を提供するネットワークサービスであり、天気予報、株取引、特急券・航空券予約、商品売買（電子商取引）のほか、ビデオゲームや掲示板、メールなどを利用できた。

とはいえ、高価なビデオテックスやパソコンなどを購入し、通信料

を払ってネットワークに接続できたのは，一部の富裕層や都市部の住民であった。また，コマンドラインで入力するパソコンは，ある程度の英語やプログラムの知識が必要なため，若者であれば誰でも使いこなすことができたわけではなかった。世代間の格差だけでなく，経済格差，さらにはジェンダー間の格差も存在していた[*5]。

ニューメディアからマルチメディアへ

1990年代には，マルチメディアがニューメディアに代わる呼称となり，通信の融合問題など政治経済の世界で既得権益と新規参入をもくろむ企業，縦割りの政府省庁間のかけひきが繰り広げられるなかで，消えていくメディア（ビデオテックス）もあれば躍進するメディア（PHS，インターネット）もあった[*6]。書籍やラジオ，テレビといった既存のメディア形式を超えて，複数のメディア（文字，音声，画像）がひとつのメディア（CD-ROM）で扱えるようになり，搬送体別（空間系，輸送系，有線系，電波系）に分けられていたメディアが融合すると，本来規制の対象でなかったコンテンツ[*7]が放送法や電波法にふれ，問題化するケースも生じてくる。1980年代から90年代にかけて，技術，法律，経済，政治，文化の「糸」が複雑に絡み合い，ニューメディア，マルチメディアが形成されていく。メディアは，最初から形や用途が決まっているわけではなく，技術の制限を受けながらも政治や経済，文化的要因によっていかようにも変わりうる[*8]。新しい技術であるがゆえに，メディアのあり様の変化を見通すことができず，そもそも消費者自身もニューメディアを想像できないので需要もつかめない。既存の権益をもつ企業（ビデオテックスの場合は日本電信電話公社〔NTT〕）と関係省庁（郵政省）の意向がメディア環境を大きく左右するなか，結局，利用者

の増加を見込めずに新しいメディアが消えていった。オフィスオートメーション（OA）やホームオートメーション（HA）とはいうものの，その機能を使いこなすことはなかなかに難しい[*9]。

　情報機器がどれだけ使えるか，鈴木裕久らは東京都内の16歳から69歳までの一般男女300人を対象に，1991年から1993年まで合計3回の質問紙調査を行っている。その結果，年齢が若いほど情報機器の利用能力が高かった。「若年層」「高学歴」「男性」の測定得点が高いのは，アメリカとイタリアの調査でも共通していた（鈴木 1996）。多メディア・多チャンネル時代と呼ばれ，つぎつぎと新しいメディアが登場するなかで，その普及の鍵となる存在として若者がもち上げられていった。

　よくある資本主義，消費社会批判に，消費者は企業が送り出す商品を使うだけの受動的存在に過ぎないというものがある。しかし，若者は受け身だけの消費者ではない[*10]。女子高校生たちが，もともと社員を管理する道具だったポケットベル（ポケベル）の意味を変容させ，コミュニケーション・ツールとして活用したことは，その事例ともいえる。岡田朋之（1997）は，「時代はマルチメディア」とよく言われたが，パソコンを用いた画像処理などマルチメディア機能を活用する場面は少なく，パソコンはエリートのためのメディアであることを示唆する。OAが進み，中年層の管理職などは，苦労しながら使わされているのが現状であった[*11]。そうしたなかで，手軽に使えるマルチメディアとして若者に活用されたのがケータイメディア（携帯電話などの移動体通信メディア）であった。「そもそもポケベルは，学校の先生や親の管理をくぐり抜け，アンダーグラウンドなネットワークをつくるための『解放のメディア』として広まったのだ」（岡田 1997: 7-13）。また，ニューメディアやマルチメディアの利用者が男性中心だったのに対し

て，ポケベルやケータイは，どちらかといえば女性が中心となって独自の文化を築いていた点も注目されよう。

　1999年にサービスを開始したiモード（NTTドコモ）を契機にして2000年代は，ケータイ（PHS，携帯電話）でメールやウェブ閲覧が可能となり，カメラが標準実装されるようになる。若者は，これらの機能を駆使して独自の文化を形成していくが，若者論において，ケータイとならんで重要なメディアに数え上げられたのは，インターネットであった。

インターネットの普及

　遠隔地をつなぐ情報ネットワークは，SAGE（Semi-Automatic Ground Environment System）のような国家の防衛システム以外でも，企業が利用するSIS（Strategic Information System／戦略情報システム）が1970年代後半から使われてきた。その代表として航空会社と旅行代理店のCRS（Computer Reservation System）がある。その効果は絶大であったが，大規模な装置と費用がかかるSISを導入できるのは企業のなかでも限られていた[*12]。

　一般市民が利用できるネットワークには，ビデオテックスのほかにも小規模範囲のパソコン通信が一部のマニアや富裕層に利用されていた。世界をつなぐインターネットが一般にも開放されていくのは，1990年代である。インターネットの普及には，OS（operating system）のウィンドウズ95，ブラウザのモザイクやネットスケープ・ナビゲーターなどパソコンに不慣れな人でも比較的容易に操作できるソフトウェアの登場だけでなく，定額制の導入により気兼ねなくインターネットに接続できるようになったことが関係している。2001年には

安価で高速な常時接続サービス（ADSL）が始まり，翌年にはインターネットの人口普及率が50％を超え，急速に大衆化していく。

電子掲示板は，もともと研究者や実業家などが実名や仮名（ハンドルネーム）で意見交換をする場であったものが，ネットの大衆化にともなって匿名の人々が気晴らしに書く場所になっていったといわれる（田代・服部 2013: 77-78）[*13]。匿名巨大掲示板を活用した暴言や誹謗中傷が問題になる一方，『電車男』のように匿名の人々の厚意のやりとりが時に感動の物語として好意的に迎えられた。電車男とは，女に縁のないオタク男が車中で中年男に絡まれている若い女性を助けたことから始まる恋愛物語である。女性からお礼に高級ブランド品をもらってもどうしたらいいのかわからず，「電車男」というハンドルネームで匿名巨大掲示板「2ちゃんねる」に助言を求める。この一連の書き込みが書籍化されるとベストセラーとなり，ドラマや映画にもなるほど人気を博した。

電子掲示板でのコミュニケーションは，2ちゃんねる用語，オフ（映画「マトリックス」のコスプレをして渋谷に集まるマトリックスオフなど），フラッシュモブといった若者文化を生み出していく（伊藤 2011）。誰もが簡単に書き込める匿名掲示板は，電車男のようにみずからがイベントにかかわることのできるメディアとして機能する。こうした若者文化は，必ずしもインターネットの技術によってのみもたらされたわけではなかった。北田暁大（2005）は，殺伐とした内輪受けのネタを提供し合う「2ちゃんねる」の方法論が1980年代的なテレビの方法論を引き継いだものだと指摘する。80年代的なテレビの方法論とは，テレビの演出的側面をパロディ化して詳らかにするテレビ制作のことである。ニュース番組など，かつてテレビは「真実」をそのまま視聴者に提供するメディアと思われていた。そのテレビ制作の裏側を見せ，演出が

施されていることを顕在化させることでバラエティ番組は嗤い（嘲笑）を生み出す。何も知らない視聴者を前提に番組を作るのではなく，制作スタッフなど仲間内でしか通じない「楽屋ネタ」を披露し，ラジオや雑誌でしか知り得ない情報を蓄積しているようなマニアックな視聴者を対象とする（かのようにみえる）。1990年代のテレビは，斜に構えた視聴態度だけでなく，スポーツなどの「感動」を臆面もなく受容する態度を視聴者に求めるようになる。こうしたマスコミによって「教育」された視聴者たちが初期の2ちゃんねるの利用者であり，それは一部の人びとではなく，内輪のつながりを重視する若者全般の傾向として顕在化した，と北田（2005: 155-208）は分析する。

いつでもどこでも

インターネットは個人が情報発信できる能動的なメディアとして期待されていた。しかし，2000年代半ばまでホームページ（ウェブサイト）の作成は，HTML言語など多くの知識が必要だったため，情報発信できる個人はけっして多くはなかった。1999年にパイララボ社がBloggerというブログのサービスを提供し，2003年にはグーグルが買収，同年末に日本でココログ（ニフティ）が始まる。ネット上の記録を指す「ウェブログ（ブログ）」は，それまでのホームページよりも手軽に個人の情報発信を可能にする。日本語という限られた使用人口の言語であるにもかかわらず，日本はブログでの情報発信が世界で最も多い国となり[14]，ミクシー，ニコニコ動画，ツイッター（現，X〔エックス〕），ユーチューブといったソーシャルメディアが2000年代半ば以降に隆盛していく。

こうしたマルチメディアは，それまでの書籍や映像のメディアも取

り込む形で発展していった。しかし，単純にメディアを進化の図式で捉えることはできない。たとえば日本の電子書籍は技術的にも高度な商品が販売され，何度も電子書籍元年が叫ばれながらも，紙の書籍には敵わず消えていった。ところが，ケータイを使って小説を読む若者があらわれる。読むだけでなく，ケータイで小説を執筆する女子高校生作家も数多く登場する。ケータイ小説というジャンルが生み出され，ケータイ小説のウェブサイトと出版社が連携しベストセラーを連発する。速水健朗（2008）によれば，ケータイ小説は，都市の大型書店には取り扱いが少なく，郊外のTSUTAYAやコンビニで売られた。コミュニティが崩壊し無機質と化した郊外を舞台とした作品が，郊外に住む少女たちを購買層にして売られていく。

　アメリカとの貿易摩擦を背景にして大規模店舗法が緩和され，道路整備の公共事業に多額の税金が投入されていくなかで郊外化が深まり，ロードサイドビジネスが中心となっていく[15]。こうした事例は，単純に技術の進化が人々の行動を決定づけているわけではなく，政治・経済・文化的な要因が大きく左右していることを示唆している。

　しかし，ケータイ小説の題材のひとつであるデートDVは，ケータイの普及と結びついていると，速水は強調する。すぐにつながるケータイは，相手を束縛する神経症的な生活を生み出すというわけだ。モバイル・ツールのもつ「管理の道具」としての側面がここでは再び前景化している。ケータイをつねに携帯していないと落ち着かない人々（依存）を生み出したことは，現在に至るまでさまざまな論者によって繰り返し語られる。

　そのような依存を生み出すような環境は，しばしば悲観的に語られてきたが，むしろ，輝かしい未来のひとつの姿として，政府や企業によって推進されてきた。総務省は2002年度版の『情報通信白書』に

「ユビキタスネットワーク技術の将来展望」を明記し，国策としてユビキタスを推進してきた。いつでもどこでもネットワークに接続できる社会が目指されるようになり，2010年代には，小型コンピュータであるスマートフォンが次世代モバイル・デバイスとして普及していった。ユビキタスコンピューティングは，クラウドコンピューティングなど似たような新しい言葉に取って代わり，しだいに使われなくなるが，その基本理念は社会のなかに浸透し，高度情報社会ともいえる環境が構築されていった[*16]。VR（virtual reality）やAR（artificial reality）といった疑似体験，仮想空間などの技術が再注目され，昨今のメタバース（三次元グラフィックの仮想空間）への関心につながっている。

本書のねらい

　ざっと戦後日本におけるメディアの変遷と若者の関連を述べてきたが，戦後のメディアの変化はかように急激である一方，ラジオやテレビ，紙の雑誌や書籍などが消えてしまったわけではない。多様なメディアと密接に結びつく形で若者文化は形成されてきたが，各時代ごとに社会の状況は異なり，焦点となる論題も変化してきた。

　マーシャル・マクルーハンの「どんなメディアもその内容はつねに別のメディアである」という有名な言葉は，新しいメディアの内容はそれ以前からある古いメディアを引き継ぐようにして使われるということだ。たとえば，テレビドラマの内容が小説を元にしている場合を想像してみるとわかるだろう。また，「メディアはマッサージである」は，メディアが何らかの可能性を切り拓くことを指している。テレビ（新しいメディア）と本（古いメディア）の両方が同じ内容（物語）を扱っていたとしても，動きを伝えることができるテレビという電気メディア

が切り拓く可能性は存在するだろう。

　マクルーハンのメディア論は，メディアの内容（コンテンツ）ではなく，メディアそのものに着目することの重要性を強調したものといえるが，メディアがどのように使われるかは文化によっても変わりうる[*17]。そうしたメディアの特徴と合わせて，その背後にある社会的状況を，政治や経済といったマクロな視点だけでなく，家族やクラス，小集団のミクロな人間関係を含めて把握し，あるメディアをどのように利用しているか，注意深く読み解くことに意義があるように思う。

　若者論においては，マーケティングに役に立つ視点を獲得しようとするような市場調査，扇動的な事件を取り上げて若者を分類するような言説，価値判断でもって若者を診断する研究，東京と関西の大学生の事例をもって全国の若者を代表させる短絡などに対して多くの批判がなされてきた（伊奈 1995; 中西 2004; 古市 2011; 浅野 2016: 小谷編 2017など）。

　若者論の代表的な論客の一人である浅野智彦（2016）は，社会についての現象を切り出し，読み解く際の枠組みとしての「若者」が溶解しつつあると論じる[*18]。それは若者を通して時代や社会のあり方を浮かび上がらせることができるという期待の失効であり，若者論が成立しにくくなった状況を指している（浅野 2016: 2-4）。浅野によれば，こうした「若者の溶解」をはっきり指摘したのは古市憲寿であるという。

　古市（2011）は，若者をひとくくりにすることが困難になった状況下において若者論が目指すべき方法として，おおよそつぎのようなことを述べている。(1)若者に関連する現象を価値判断に結びつけずに，現象を細かに研究すること，(2)統計的な平均像をもって安易に全体像を考えないこと（井上俊 1971の指摘），(3)少数派の示す特徴は必ずしも孤立した現象ではなく，細やかな発見の積み重ねを大事にすること，(4)

現象を個人の問題に帰せず，社会構造の実態や変化とともに考えること（古市 2011: 64-65）。

　浅野は，若者一般を対象にすることを断念し，対象を具体的に設定することを若者論の方法論のひとつにあげているが，これは本書の目的でいうならば，あるメディアを利用する若者を設定して考察していく方法といえるだろう。

　本書では，こうした問題に注意を払いつつ，おもに2000年代から2010年代にかけてメディアと若者文化のかかわりがどのようなものだったのか，事例をふまえて考え直していきたい。第1章では，学問の世界で若者がどのように語られてきたのか，若者論の系譜をまとめ（加藤裕康），第2章では，若者研究の方法論に内在する問題に焦点を当てていく（小寺敦之）。第3章はツイッターに性的な写真を投稿する「裏垢女子」（山内萌），第4章はマンガ専門誌でマンガ批評を行う若者たち（山森宙史），第5章はワールドカップのパブリック・ビューイングに集う若者たち（立石祥子）の事例を取り上げていく。

註

＊1——小説『太陽の季節』(1956)で大学在学中に芥川賞を受賞した石原慎太郎は，自由奔放な若者の姿を描き，後に太陽族と呼ばれる若者の風俗を生み出した。だが，社会的には批判され，太陽族は取り締まりの対象となった。石原は，中学生時代に米兵に反抗的な態度をとって殴られた逸話を紹介し，「鬼畜米英と戦って死ねと仰っていた先生たちが一朝ガラッと変わってね。(中略) 殴られた僕を叱責する。それは大人たちに対する鬱積した反発みたいのはありましたよ」と，同小説を執筆した背景について証言する（NHK 2014年8月1日放送）。

＊2——客観的かつ実証的な研究も数多くあるが，悪影響を前提とした効果研究を含めて批判的に検討したものとして，ビデオゲームについては加藤裕康 (2011)，イン

ターネットについては小寺敦之 (2013) が参考になる。

＊3──株式会社日立製作所専務取締役の渡辺宏 (1985) は，ニューメディアの対象として高所得者層をねらう当時主流の考えは性急ではないかと疑義を呈し，むしろ「固有のライフスタイルが確立せず，しかもそれが確立した暁には，われわれのそれとは異なる形になる筈の，極めて若い世代こそがニューメディアを本格的に受け入れる人々」と強調する。また，若者とメディアとの親和性の遠因のひとつとして，学校が「新しいエレクトロニクスメディアのステップ」になっている点があげられている (後藤ほか 1980)。

＊4──VRS (画像応答システム), テレテキスト (文字多重放送), ホームバンキング, ホームオートメーションなども代表的なニューメディアであった。なお，ニューメディアとされる機器が開発された年は，必ずしも1980年代ではない。たとえば，ファクシミリの発明は1843年で電話に先行していたが，荻野和郎 (1985) によれば，日本では昭和40年代半ばまでは新聞社や官庁で使われていたに過ぎない。1972年，電話網に機器の接続が許可され (第一次通信回線の開放), ファクシミリは各企業を中心に普及していく。ニューメディア時代のファクシミリは，複数箇所に一斉送信できる同報機能やネットワークに私書箱を設置してパスワードを入力して取り出す「親展通信」, ファクシミリ端末とコンピュータセンターをつないで通信する「エンド・ツゥー・センター」といった機能が備わっていた。

＊5──塩野充 (1985) は，ニューメディアのなかにはファクシミリやテレテキストのように身体障碍者の格差解消に役立つ社会的意義の大きなものだけでなく，「たんにお金持ちで物好きな人のオモチャ的存在に過ぎ」ないものとして，キャプテンシステムやケーブルテレビをあげている。ニューメディアの消費者層として想定されているのが高所得者であることは注3も参照のこと。福井暉雄 (1985) は，ニューメディア商圏を推定するなかで，ニューメディアを利用して買物をする地域は「ハイカラな近代文化都市」などの都市部である一方，それに拒否反応を示す地域として未開発地区の住宅地や衛星都市，超高級住宅地をあげている。論文ではふれられていないが，拒否反応地域に超高級住宅地が含まれているのは，貧富の尺度以上に高級品の買物自体が娯楽になることを考慮する必要がある。ジェンダー格差については「衛星受信装置を自分で操作できる人は女性23.5％，男性34.9％であり，多機能電話はそれぞれ29.7％と38.7％，パソコンは12.7％と28.3％」(村松 1996: 213) であった。

＊6──当時のマルチメディアをめぐる攻防は，「通信の自由化10年目の岐路」(日本経済新聞1994年6月22日〜9月3日) を参照されたい。また，後藤ら (1980) は，ビデオテックスなどの新しいメディアの形が政府の介入によって決定づけられたという。

＊7——コンテンツは日本の造語であり，英語では本の目次を意味する。メディアの内容を指す本来の意味では（メディア）コンテントが正しいが，日本ではコンテンツが一般用語となり，法律用語でも使われている。そのため，本章ではコンテンツをメディア・コンテントの意味で使用する。

＊8——ひとつ例をあげると，ファクシミリは「ファクシミリ放送」という形でマスメディア的な使い方も想定されており，新聞各社は業界の命運にかかわる問題として危機感をもって受け止めていた（後藤ほか 1980）。ほかにもラジオについて論じた水越伸（1993=2023）など基本文献は数多くある。

＊9——主婦への量的調査ではニューメディアに対する否定的態度を示す理由として「難しい」が31％で最も多かった（西川 1986）。また，ビデオテックスについていえば，技術的な制限（表示速度が遅い）や金銭的な感覚（情報は無料）が普及の阻害要因になっていることはたびたび指摘されてきた。

＊10——ただし，1970年代以降，とりわけ日本では1990年代のカルチュラル・スタディーズの隆盛後は，過度に受け手の能動性が強調されるきらいがあった。現象を客観的に分析するというよりも，研究者の先有的態度（あらかじめもっている考えに合わせること）や政治的態度が色濃く反映している研究があることには注意したい。メディアに対する能動性については，第1章の新井克也らの議論を参照されたい。アカデミズムにおける文化理論の変遷については，Strinati, D. (1995=2003) が参考になる。

＊11——同様にMcLuhan, M. (1964=1987) は，オートメーションによって便利になる反面，その情報機器を使いこなすことを求められる企業の幹部たちにとっては「過酷な現実」であると論じた。

＊12——1978年，アメリカで「航空運賃及び路線の自由化」法が成立し，時刻表や路線，料金が複雑になった結果，CRSを導入できない企業の予約作業は煩雑になり，代理店などから避けられるようになる。予約の際にはCRS導入企業を優先するバイアス表示もあり，CRSを導入していない企業との格差が生じた（吉井 2002: 123-124）。

＊13——なお，本人を特定できる情報を開示していないという点において，匿名と仮名の違いはないものの，仮名を使うことで同一人物の書き込みであることを示し，同一性を担保できる点で異なる。

＊14——ブログ投稿数の言語別割合（2006年第四半期・テクノラティ社調べ）は，日本語37％，英語36％，中国語8％と続いた（田代・服部2013: 110-111）。

＊15——こうした時代状況を考えるにあたって，商店街の衰退とロードサイド店舗隆盛との関係を論じた新雅史（2012），ロードサイド店舗としてのゲームセンターの変遷

を論じた加藤 (2014) が参考になる。

＊16——その一方で，そうした情報環境に接続できないデジタルディバイド（情報格差）問題が長らく問題視され，就職格差とも関連して深刻化した。

＊17——メディアと文化のかかわりを理解するための基本文献は数多くあるが，こうした視点でメディアの歴史を的確にまとめたものとして，ここでは伊藤明己 (2014) をあげておく。

＊18——若者とは，一般的には，15歳くらいから25歳くらいまでの，生活手段を獲得していない若年層を指してきたように思われる。平澤薫 (1953: 1-2) によれば，青年は中学校卒業以上（旧制では16歳，新制では15歳）で25歳未満をさすことが多いという。「生活手段を獲得していない」というのは，就職，結婚をしていないことを意味する。つまり，一人前の大人になる前段階の存在として，若者は位置づけられてきた。しかし，近年では29歳までを若者に含めるようになり，さらに30代の中年をも若者と呼ぶこともある。たとえば，子ども・若者育成支援をかかげる内閣府の『子ども・若者ビジョン』では，「40歳未満までのポスト青年期の者」を若者に含めている。厳密にいえば，中世，近世の時代から若者を指し示す年齢範囲は必ずしも限定されているわけではなく，例外があるものの，こうした傾向は，未婚化，晩婚化，ニートや非正規雇用の増加といった社会の変化とも関係していると考えられ，「若者」という区分の消失過程を示しているといえるかもしれない。

参考文献

浅野智彦, 2016,「若者の溶解と若者論」川崎賢一・浅野智彦編『若者の溶解』勁草書房: 207-232.

新雅史, 2012,『商店街はなぜ滅びるのか——社会・政治・経済史から探る再生の道』光文社.

市川孝一, 2012,「戦後復興期若者文化の一断面——「アプレ犯罪」を中心にして」『文芸研究』116: 1-17.

伊藤明己, 2014,『メディアとコミュニケーションの文化史』世界思想社.

伊藤昌亮, 2011,『フラッシュモブズ——儀礼と運動の交わるところ』NTT出版.

伊奈正人, 1995,『若者文化のフィールドワーク——もう一つの地域文化を求めて』勁草書房.

井上俊, 1971,「青年の文化と生活意識」『社会学評論』22 (2): 31-47.

岡田朋之, 1997,「ケータイメディア論のすすめ」富田英典・藤本憲一・岡田朋之・松

田美佐・高広伯彦『ポケベル・ケータイ主義！』ジャストシステム：6-13.

荻野和郎，1985，「高度情報社会と電気通信――INS構想」『multi media education』17: 23-76.

加藤裕康，2011，『ゲームセンター文化論――メディア社会のコミュニケーション』新泉社.

加藤裕康，2014，「オンライン時代のゲームセンター――ソーシャルメディアとゲームを媒介としたコミュニケーション」河島茂生編『デジタルの際――情報と物質が交わる現在地点』聖学院大学出版会：267-305.

北田暁大，2005，『嗤う日本の「ナショナリズム」』NHK出版.

児島和人，1996，「情報化と生活世界」児島和人・橋元良明編『変わるメディアと社会生活』ミネルヴァ書房：1-17.

小谷敏編，2017，『二十一世紀の若者論――あいまいな不安を生きる』世界思想社.

小寺敦之，2013，「『インターネット依存』研究の展開とその問題点」東洋英和女学院大学『人文・社会科学論集』(31)：29-46.

後藤和彦・小松原久夫・野崎茂，1980，「座談会　ニューメディアとマスコミ研究――眼の前の研究素材に触発された新しい研究視角が必要とされている」『新聞学評論』29: 149-168.

權田保之助，1922，『民衆娯楽の基調』同人社書店.

塩野充，1985，「いわゆるひとつのニューメディア論」『大阪大学大型計算機センターニュース』56: 69-74.

鈴木裕久，1996，「情報機器利用能力――情報リテラシーの中核」児島和人・橋元良明編『変わるメディアと社会生活』ミネルヴァ書房：195-207.

田代光輝・服部哲，2013，『情報倫理　ネットの炎上予防と対策』共立出版.

豊澤登・平澤薫編，1953，『青年社会学』朝倉書店.

中西新太郎，2004，『若者たちに何が起こっているのか』花伝社.

中山太郎，1930，『日本若者史』春陽堂.

西川一廉，1986，「ニューメディアについて――連想法による」『桃山学院大学社会学論集』20 (2)：133-147.

速水健朗，2008，『ケータイ小説的。』原書房.

福井暉雄，1985，「市場調査の図形化分析――業種別にみた商圏重層構造とニューメディア商圏の浸透について」『日本経営診断学会年報』17: 180-188.

古市憲寿，2011，『絶望の国の幸福な若者たち』講談社.

水越伸，1993，『メディアの生成――アメリカ・ラジオの動態史』同文舘出版（2023，ち

　　くま学芸文庫）.

村松泰子, 1996,「情報化とジェンダー」児島和人・橋元良明編『変わるメディアと社
　　会生活』ミネルヴァ書房 : 210-230.

柳田國男, 1932, 朝日新聞社篇『明治大正史第4巻　世相篇』朝日新聞社.

吉井博明, 2002,『新版　情報のエコロジー――情報社会のダイナミズム』北樹出版.

渡辺宏, 1985,「ニューメディア発展の条件」『テレビジョン学会誌』39 (1) : 47-50.

McLuhan, M., 1964, *Understanding Media: The Extensions of Man*, Routledge and Kegan
　　Paul.（栗原裕・河本仲聖, 1987,『メディア論　人間拡張の諸相』みすず書房.）

Strinati, D., 1995, *An Introduction to Theories of Popular Culture*, Routledge.（渡辺潤・伊
　　藤明己訳, 2003,『ポピュラー文化論を学ぶ人のために』世界思想社.）

第1章

戦後若者論の系譜

加藤裕康 *Kato Hiroyasu*

1 青年期の誕生

　戦後,「若者」に注目が集まるようになったのは, 1960年代から70年代にかけてのことだった*1。それを象徴する出来事としては, 日本社会学会が1970年に「現代の青年問題」と題したシンポジウムを開催したことがあげられる*2。その背景にあるのは, 1960年代後半の大学紛争や学生運動など,「大人」に異議申し立てをする若者の姿が人々に衝撃を与えたことである*3。同シンポジウムの翌年に編集された『社会学評論』の特集「青年問題」で塩原勉 (1971) は, 社会変動期において既存の価値観が変化し, 年長世代の権威が失墜するなかで, 世代間の対立が深まったことを論じている。

　同誌の特集が「青年問題」と題されたように, アカデミズムにおいては, 若者を指す言葉として「青年」が主に用いられていた。近代以前から存在する若者, あるいは若者期 (youth) は,「青年」と同様に国や地域によって指し示す年齢の範囲はけっして一律ではないが, 7歳頃から20代半ばないしは20代後半の結婚して自立する時期までを指す言葉であった*4。

　日本において「青年」は, 明治初期につくられた言葉であるとされる。それまでは「若者」「若い衆」などと呼ばれ, 男子は15歳, 女子は12, 13歳になると成年とみなされ, それぞれ若者組 (若者連など), 娘組と呼ばれる村の社会教育の団体に加入した*5。以下, 中山太郎と柳田国男の二人の民俗学者を参照し, 近代以前の日本の慣習を紹介してみよう。集落ごとにしきたりが異なり, その実態は必ずしも一様ではなかったものの, 若者組は各地の集落で自然発生的に成立し, 室町時代あたりから明治時代まで, 村の若者に対する社会教育制度, 若い男

女の自由な交際クラブとして機能してきた（中山 1930）。男は婚姻をもって退会し，一人前の大人とみなされるのが通例だった。若者たちは村で定められた寝宿（若者宿，娘宿）で共同生活を行い，若者頭（若者組のリーダー）や宿頭・局（寝宿の主人）の監督のもと，仕事をしながら長幼の序といった道徳や村のしきたり（祭礼儀式と舞踊，隣村との交際，災害警備）を身につけた。

　娘宿では，女たちが夜更けまで手仕事をともにし，男たちが出向き，ときに夜業を手伝い会話を楽しむ。寝宿は，同輩で互いに異性の品定めをしてよい相手を探す「婚舎」ともなった。柳田國男（1932）によれば，これら若者組・娘組は恋愛教育機関となり，自由婚姻を成立させ，一夫一婦制を維持する基盤となった。

　どこの村でも離婚や非嫡出子は許されず，娘が許可なく他村の者とかかわることさえも懲罰があった。相手の容姿や振る舞いについて年長者や同輩たちはあれこれ意見を述べる。女はそうした意見を聞きながら，結婚にいたるまで時間をかけて互いを知り，二人の関係を周囲に認められなければならない。村のしきたりに背いた者は，さらし者にされ，村を追い出されることもあり，若者は婚姻相手を慎重に選ばなくてはならなかった。教育機関としての若者組・娘組が堅固に維持されたのは，ひとつに（明治以降の価値観からすると）奔放な性習慣があったからである。こうした慣習の多くは時代の変化とともに明治期に消えていく。若者組・娘組に代わって明治政府によって新たにつくられたのが青年団，処女会（後の女子青年団）であった。ひとつの村に若者組と青年団が併存し，対立することもあったが，しだいに若者組は青年団に取り込まれていった（中山 1930; 柳田 1932）。

　このように中世・近世における村落共同体では，若者を社会秩序（年齢による階級や道徳など）に回収するために，若者組という自前の社

会教育機関を利用したのだが，明治期以降は政府の訓令によって定められた公的な自治団体へと取って代わり，「青年」という言葉が新たに使われるようになる。また，アカデミズムにおいて青年・青年期（adolescence）は20世紀に心理学の専門用語として使われはじめた用語であり，そこには青年期特有の危機を理解し秩序に回収しようとする視点がある[6]。

アリエス（1960=1980: 27-31）が論じたように，そもそも青年期は近代になって誕生したものであり，それ以前は存在しなかった。17世紀のフランスにおいて子ども期と青年期の区別は曖昧であったうえに，子ども期という観念は従属・依存の観念に結びつけられていた。ゆえに，子ども期を終えるためには依存や従属関係から抜け出さなければならず，たとえ二十歳を越えた「大人」であっても，他人に従属している格下の身分の者は親しみを込めて「子ども」と呼ばれた。

精神の継起的な発達段階を記述し，青年期と成熟を発見したのはルソーである（栗原1981=1994: 59）。ルソー（1762=1967-1969）は教育が必要な人間の発達段階を第1期から第5期までに区分し，青年期は第4期（15歳から20歳まで）にあたるとした[7]。彼は青年期を「第2の誕生」と呼び，「ここにおいて人間は真に人生のなかに生まれ，すべての人間的なものが彼に無縁ではなくなる」重要な時期であるという。情緒的に不安定になりがちな「危機の時代」である青年期は，まさに「教育が始まらなければならない時期」であった[8]。

ルソーの教育論『エミール』がフランスで出版されたのは1762年。当時ヨーロッパでは徒弟制が一般的で，子どもたちは14歳までに生家を離れ，召使いや徒弟，学生として他人の家や寮で訓育されていた。ルソーの発見した青年期という概念はすぐに社会に広まったわけではなく，18世紀後半から19世紀前半にかけて中産階級の家庭で徐々に

浸透していった。さらに19世紀後半に徒弟制が崩壊し中等教育（パブリック・スクール）が発展していくと，長期におよぶ依存状態がもたらされるようになった。つまり学校教育制度によって青年期という新しい段階がつくり出されたのである（ギリス1981＝1985）。

　この青年期は，青年がアイデンティティ（自我同一性）を獲得するためのモラトリアム（猶予期間）となる。エリクソン（1963＝1977）は人間を8つの発達段階に分け，その第5段階を「思春期と青年期」と名づけた[*9]。児童期と成人期の中間に位置する青年期は，各発達段階においてこれまで培ってきたアイデンティティの構成要素を統合するための時期である。この時期の青年は，社会的役割に混乱をきたす危険とつねに隣り合わせになるものの，忠誠の対象を探し求め，アイデンティティを模索する。エリクソンの発達段階論は，幼児期決定論を退け，成人に向かって発達していく人間像を提示した[*10]。

2　若者期の誕生

　エリクソンの理論は，学生運動やヒッピーなど団塊世代の青年の意識と行動を理解するためのツールとして期待され，60年代のアメリカや70年代前半の日本における青年論の分野で圧倒的な影響力をもつようになった[*11]。青年期は「子ども期」と「若い成人期」の間に位置する時期として中産階級によって見出され，若者期とは異なるものとして概念化されたものであるが，ケニストンは近代以後における若者期を新たに定義づけている（ギリス1981＝1985: 162, 209, 318）。20世紀後半にアメリカに到来した脱工業化社会は既存のテクノロジーをつぎつぎと時代遅れにし，青年に高度な教育を要求し，急速な社会変動をもたらした。伝統や大人の既存の価値観は，社会のなかで明確なビジョ

ンを示せず，若い世代の忠誠の対象となりえなかった。異議申し立て
をする若者は，青年期とされる年齢を過ぎてもなお，社会的役割や生
活様式を確固としたものにできないでいた。ケニストンはこうした状
況をふまえ，青年期（第5段階）や若い成人期（第6段階）のいずれにも
あてはまらない人生の段階を「若者期（youth）」と名づけた（1971=1977:
17）。

　青年や若者のほかにもティーン・エイジャーという言葉が1945年
にアメリカで登場し，1950年代に広く使われるようになったが（桜井
1997: 109），ケニストン（1963=1971: 218）は「『青年』とか『青年期』など
の言葉にあるような移行とか成長という含蓄がほとんどない」と述べ
ている。ここには青年期を大人になるための前段階と捉える発達段階
論では理解できない状況の一端がすでに示されていると考えられる。
日本においてもエリクソンの影響下で心理学的な秩序回収の視点で
70年代に多用されていた「青年」という言葉は，80年代には「若者」へ
とかわっていく[12]。

　大人への仲間入りをする前段階にとどまる若者は，時に奇異な存在
としてみられてきたが，時代の変遷とともに若者に対する理解の仕
方も変化していく。消費社会，情報社会が浸透するなかで，若者は多
様なメディアや趣味を通じて他者と関係を結ぶようになるが，その反
面，「オタク」という言葉が生み出されたように他者との関係を回避す
る態度も顕著になったといわれる。社会の成熟に歩を合わせるかのよ
うに若者論も拡散し，若者文化の全体像を捉えることが困難になった
と指摘されて久しいが[13]，それにもかかわらず若者論自体は途絶える
ことがない。

　2000年代後半の商業誌のエッセイや対談では不況を背景にして労
働問題に関心が集中しているが，そのような議論においても70年代か

ら変わらずアイデンティティや成熟（成長）の問題が見出される。以下，錯綜した感のある日本における若者論の歴史的流れを俯瞰しつつ，若者がどのように語られてきたのかを整理し考察を加えていこう。

3　1950-60年代の青年論

　日本において青年社会学を打ち立て，青年問題を本格的に主題化したのは，豊澤登と平澤薫（1953）であった。それまで青年の問題は，おもに心理学・社会心理学の領域で扱われ，青年個人の心理から解き明かされてきた。とりわけ青年心理の分析は，生理学や生物学的に捉えて，身体の発育と青年の心理を関連づけて説明されてきた。しかし，周囲から何を期待され，どう扱われるのか，青年の心理は社会的条件によって制約を受ける。都市化，産業化が進展した社会にあって，青年は第一次集団（家庭や田舎）から離れ，第二次集団（職場や都会）に属するようになる。ここで問題となるのは，まったく異なる慣習・文化に適応しなくてはならないということだ。伝統から解放され，匿名的地位を獲得することで自由になる反面，新しい環境に馴染めずに境界人（marginal man）として情緒的に不安定となるおそれも生じる。豊澤は，社会集団に組み込まれた社会的存在としての青年・青年集団を捉えること，すなわち青年社会学の必要性を強調する（豊澤・平澤1953: 7-14, 39-55）。

　青年社会学と青年心理学とは，方法論的な違いはあるが，ひとつに危機的な状態にある青年の問題に取り組む点において，両者の志向は必ずしもかけ離れていないように思われる。少なくとも豊澤の記述をみるかぎり，敗戦後の日本社会において，古いしがらみにとらわれない青年の活力にひとつの光明を見出そうとさえしている。実際に富

澤は，敗戦し政治的・経済的・思想的に混迷をきわめる状況において，若い世代こそが社会の発展にとって可能性をもった存在であると期待を寄せる。青年を統計的な人口要素として把握し，若い世代を古い世代と対置して世代論を展開するのだが，老年世代の強力な支配を物ともせず，創造的行為の主体となることによって，若い世代は新しい社会を築いていく。統計で把握された集団は「疑似集団」であるが，その数量は「社会的可能性」を意味し，「ひとつの現実的な力」となる（豊澤1953: 51-54）。ここで想定されているもののひとつは青年運動であるが，この場合「現実的な力」とは団体交渉して政治的な発言力を高める世代の「数の力」といえよう。

　木村直恵（1998）は，1887年（明治20）に「青年」という世代がつくられ，「老人」や「壮士」と対立する言説が一気に広まったと指摘する。その中心的役割を果たしたのは，徳富蘇峰が主宰する雑誌『国民之友』であった。そこで青年は，社会を担う新しい世代として期待され，肯定的に表象される。それに対して「老人」は青年の桎梏であり，「壮士」は古いものとして否定的に対象化される。ここで壮士とされたのは，自由民権運動の激化にともなって起きた事件の当事者たちを指す。無職で財産も芸も学もなく，古く，東洋的，破壊的な壮士に対して，新しく，泰西（西洋）的かつ建設的な青年。こうした青年言説は，多くの若者を巻き込み，考え方や服装，髪型，しゃべり方といった実践（慣習行為）をともなう「事件」となった。徳川幕府を倒し，明治政府を打ち立てた青年の勢力は強力である。『国民之友』は，その勢力を「いかに善導して，利用可能な形に変形するかを重要な課題」としたのである。「壮士」のイメージは，青年を操作するために構築されたに過ぎないが，世代を二分し，二項対立図式に落とし込む世代論が，たんなる言葉にとどまらず，現実の認識を形づくり，人々の実践を生み出した（木

村 1998: 8-63)。こうした『国民之友』の言論活動は，悪人を仕立て上げて相手を操作しようとする点において学術の方法からは遠く離れているが，青年を導こうとする青年心理学や青年社会学の志向ともどこか重なってみえる。

　では，1950年代と60年代の若者文化はどのようなものだったのか。若者文化といえば，一般的には1960年代の団塊世代が起源と考えられているが，戦後の日本における若者文化は，昭和10年代（1935〜44年）生まれの若者が1950年代に立ち上げたものである（岩間 1995: 30-31）。太陽族，ロカビリー族，カミナリ族など，羽目を外し大人の反感を買う若者の集団が世間の耳目を集めた[*14]。岩間夏樹（1995）は，この戦後育ちの若者を「プレ団塊世代」と呼ぶ。宮台真司らによれば，太陽族の登場は秩序に抗する周辺的な社会的存在としての〈若者〉の誕生を意味した（宮台ほか 1993: 32, 220）。こうしたプレ団塊世代の若者文化を引き継ぐ形で，60年代に団塊世代の若者文化が隆盛した。

　しかし1950-60年代の「若者」を扱った70年代以降の若者論は，学生を対象にして論考する傾向にあり，必ずしも若者全体を扱っているわけではなかった。ケニストンもあらかじめ断っているように，秩序へ異議申し立てをする対抗的な若者も「教養を身につけた特権的な子供たち」であった（1971=1977: 3）。またこうした傾向は戦前からみられるものでもある。明治・大正・昭和における青年娯楽を論じた權田保之助は，学生は青年全体の一部でしかないが，時間と余裕のある学生は娯楽を享受しやすい環境にあり，流行は学生から広まっていくことをあげて，「将来に於ける一般青年の生活の先駆をなす」存在であるがゆえに「学生を以って青年を代表する」と論じた（權田 1922: 186-187）。

　阪本博志は70年代以降の若者論の多くが当時少数派に過ぎない一部のエリート学生を「若者」として扱い，多数を占める勤労青少年と

それに関する研究を無視する傾向にあったことを批判的に検討する（阪本 2004: 187-188）。確かに太陽族をはじめ，60年代初頭にあらわれた六本木族は富裕層の子弟のエリート学生であり，当初は若者全体が享受した文化ではなかった。特に六本木族の場合は後に模倣者へ広まり，一定数の規模を維持したようにみえても，六本木へのアクセスが難しい地方の若者には無縁の風俗であったと思われる*15。このような時代において勤労青少年を対象とした研究を盛んに展開したのは教育社会学であったという。ただし1950年代から60年代の『教育社会学研究』に発表された論考は，勤労青少年を「何らかの施策を受け導かれるべき存在」とみなし，地方出身の労働者をいかに職場や都市環境に適応させ，勤労意欲を高めるかといった関心にもとづく「産業社会のための研究」であった（阪本 2004: 193, 2008: 35-36）。

　こうした「役に立つ」秩序回収的な志向は，心理学の分野でもみられるものである。1965年から69年の日本の青年心理学の成果をまとめた宮川知彰（1970: 75）は，「青年の特徴をふまえながら青年にどのように働らきかければ，青年はどう変わるか，に関する研究はほとんどない」ことを批判し，「研究者が青年を変えていくことに，なんの躊躇も感じなくてすむような，そのような，政治的社会的条件が保証されなければなるまい」と強調した。これらの言葉からは，分析に終わることなく実際に青年を改造し，秩序に回収する具体的方策を志向する青年心理学の一つの傾向がみてとれる。また，井上俊によれば，以前から存在する「青年問題」は社会的不適応を問題にしており，若者を「どう適応させていくかという関心が支配的だった」（井上 1973: 42）。

　以上のように，「大人」に抗するプレ団塊世代や対抗文化の担い手としての団塊世代の若者論は，進学率が著しく低い時代の学歴エリートを対象にしたものに過ぎず，政治とは結びつかない勤労青少年の文

化[*16]を捨象したものであること，当時語られていた若者論が秩序回収的なものであったことに留意する必要がある。ただし1970年代には，片瀬一男（1993: 30）がいうように，エリクソンの影響下にある発達段階論的研究においても，青年をたんに成人世界に適応しようとしたわけではなく，大人になることの意味や移行期としての青年期の位置づけを模索していた。こうしたなかで発達段階論を乗り越える視点をいち早く提示したのが井上俊であった。

4　1970年代の青年論

　戦後の高度成長は，急速な社会変化を促し，既成の認識体系では処理しきれない経験の機会を増大させた。このような状況下で唯一信じられるものこそが実感や感性であったと，井上俊（1971: 33）は指摘する[*17]。伝統的共同体の規範や父性的権威が衰弱し，対決する大人が消え，操作的統制と強制的統制を巧みに用いて秩序を維持する管理社会のなかにあっては，若者が自分自身で自由を獲得し確認するような機会は減少する。こうした状況下で海外旅行やドラッグ，あるいはゴーゴー[*18]などの流行に興じることは，管理社会からの脱出を試み，自由を実感する手段となる。井上は，この若者の意識や行動様式の特性を「遊戯性」と捉えた。

　遊びはシリアスでないことが大きな特徴であり，ゆえに若者の傷つきやすい自我を防衛する機能を有する。俗（功利）から聖（理想）なる領域へと離脱することは，理想を求める青年期に欠かせない「まじめ」の態度に結びつく。しかし，まじめ一辺倒では硬直してしまい，変化の激しい流動的な社会に対応できない。遊戯性はみずからが試行錯誤して生き抜くために必要な要素であり，時代に要請された態度であっ

た。ところが遊戯性は，硬直した態度から自由で，なおかつ想像力に富むものである一方，他人を傷つけることを恐れ，決断せずに成り行きにまかせる態度ともなる[*19]。そのような態度は「未成熟」とみなされる。井上は，就職や結婚によって形のうえでは青年期を終えてもなお「未決意識」をもつ若者の存在を指摘した（井上 1971: 44, 1973: 60-65）。

　未決意識とは，「大人になることをできるだけ先にのばそうとする傾向」のことである（井上 1973: 63）。エリクソンのモラトリアム論が青年期を就職や結婚までの準備（猶予）期間とみなし，若者は誰もが「大人」に向かって成長しようとしていると捉える視点であるのに対し，井上の未決意識は若者がいつまでも「未決」の状態にとどまろうとしていることを指摘した点で，両者は異なる。遊戯性への離脱によって未決意識をもつ若者たちは，優柔不断ながらも「やさしさ」をもち合わせていた。若者の「やさしさ」とは「消極的受容」ではあるが，しかし「人間がたがいに利用しあい傷つけあわざるをえない競争社会の仕組みのなかで，あるいはちょっと耳をすませばどこからかきこえてくる軍靴のひびきのなかで，『傷つけること』も『傷つけられること』も拒否する」ものである（同上: 22-23）。こうした若者の「やさしさ」に着目したもう一人の論者が，栗原彬だった。

　栗原彬は，エリクソンの「アイデンティティの拡散」を病理的な領域に限定せず，一般的な現象として捉え返し，井上の未決意識と重なる議論を展開した。アイデンティティ拡散とは，「アイデンティティを未決の状態に置こうとする無意識のあるいは意識的な試みである」（栗原 1981=1994: 46-47）[*20]。アイデンティティを形成するためには，役割を固定せずに社会的遊びのなかで実験を行い，冒険し飛躍することが必要になる。そのためのモラトリアムが社会制度によって用意され

ているものの，管理社会のなかでは実験や遊び，偶然の機会が阻まれ
てしまう。若者の意識は過保護な家族，学校，企業といった装置に囲
い込まれ，彼ら自身，この間を往復するだけの生活へと閉じこもり，
確固とした内的基盤をもたないままモラトリアムにとどまろうとす
る。このダブルバインド的な環境のなかで，若者はモラトリアムを内
面化させ，社会的役割を引き受けながらも「大人」と共有するべき価
値意識を切断するようになる。これが「やさしい青年の内面の基本構
造」である。栗原のいう「やさしさ」とは，競争社会のなかで他人を押
しのけて「成熟」することに価値を置くのではなく，挫折し虚無を知
りながらも他者と連帯することを望む感覚のことである。若者のやさ
しさは「寂しさの土壌から生まれる」（同上：198, 188-190, 46-47, 149-152,
175-176, 76, 83）。

　小此木啓吾（1978＝1981: 12-17, 105）は井上や栗原よりやや厳しい論
調で，若者に当事者意識がなく，お客様的存在でいることを望む心理
傾向があることを強調し，就職や結婚，出産が「大人」への通過儀礼に
ならない「モラトリアム人間」の出現を論じた。モラトリアム人間の
心理である当事者意識のなさは，井上の「未決意識」や栗原の「内面化
されたモラトリアム」と通底するといえるだろう。さらに小此木は，
そのモラトリアム人間が若者の間だけではなく，現代社会のすべての
人々に共有される「社会的性格」にまでなったことを指摘した。

　井上や栗原の「やさしさ」や小此木の「モラトリアム人間」を理解す
るためには，豊かな社会における「成熟」とは何か，彼らの解釈を明ら
かにする必要がある。戦後日本が達成した「豊かな社会」とは，効率
中心主義で規律や業績，勤勉に価値を置くことで経済発展が推進され
た結果，形成された社会のことである（井上1973: 48）。すなわち，豊か
な社会は管理社会のなかで生まれたといえよう。家族・学校・企業に

囲い込まれた若者は，勉強ができることを人間の尺度とする偏差値志向のなかで競争を強いられ，自発的服従（内面支配の管理社会）のメカニズムが成立する（栗原 1981=1994: 193-194）。同時代に笠原嘉が問題化したノイローゼの一種であるスチューデント・アパシーは，このような社会環境のなかで浮上したことに留意したい。スチューデント・アパシーの特徴には，努力型のまじめ人間が襲われる無気力で，アイデンティティが不確かで，「荒々しく競争社会を生きることから身をひいたものにだけある『やさしさ』がある」（笠原 1977: 74, 87-97）。

　では，豊かな社会における「成熟」とは何だろうか。井上（1973: 51）によれば，高度成長期に社会全体が「若づくり」をしはじめ，若さに価値が置かれる社会になった。その若さの価値を強調し新しい社会を打ち出したのがアメリカだったという。本来，日本において若さは未熟さにつながるため評価が低く，成熟に価値を置く社会だった。それをあらわす言葉の一つに「老成」がある。流動性の低い社会では，しきたりや経験に裏打ちされた年配者の言葉は有効でリアリティをもつ。しかし栗原（1981=1994: 80）がいうように，経済が豊かになり，若者が「消費顧客層」になり，技術と知識が日進月歩で刷新される社会では，段階的な人生の展望をもちにくく「老い」を引き受けることの意味は見失われる。かつて「古いもの」の継承を目的としたモラトリアムが，産業社会化が進むにつれて「新しいもの」の習得，発見，創造を目的とするものに変容した（小此木 1978=1981: 26）。情報化・消費社会化のなかで若者はマスコミや企業から主役（消費者）としてもてはやされ，かくしてお客様的存在となる。若さ（新しさ）に価値の置かれる社会において老成や成熟は，堕落とも見なされかねない。小此木は，若者文化そのものがCM文化＝消費文化を中心にして成り立っていると論じた。

日本の若者文化がメディアを通した消費文化であることをいち早く本格的に展開したのは，平野秀秋と中野収である。平野・中野（1975）は，情報化社会に出現した新しいタイプの若者を「カプセル人間」と名づけた。カプセル人間は，フィルターの役割を果たすカプセルによって不必要な情報をはじき，必要なものだけ取り入れ，その内部で意味変換を行う。情報で自分を取り囲み，心理的な個室を構築して移動するカプセル人間は，レコードやイラスト，マンガ，ラジオなどのメディアを介して他者と結びつくことを好み，一定の距離を置きながら「連帯」する（平野・中野 1975: 8, 64, 74-75）。

　人間には「日常性を拒否し，既存の規範を無視し，孤独な世界を志向する」本源的な衝動があると平野・中野はいう。外界から隔離し日常の意味を転換する装置に宗教があるが，社会の管理化（近代的合理化）は，あらゆる聖なるものを破壊してきた。現代においては，個人の次元で聖なるものを復活させて均衡をとらなければならず，その「聖性」を保証するものこそがカプセルだという（同上: 112-113）。つまり，社会のなかで誰もが共有できた「聖性」[21] が個別化し，カプセルのなかに個人の聖なるもの（音楽やマンガといった情報）を保持し，持ち歩くことで日常から離脱するのである。若者の連帯は，カプセル装置ごとのドッキングであり，全人格的な付き合いではない。このような若者のコミュニケーションは，むしろヴァイブレーション的なものへと変化したと平野・中野は指摘する。能動的に情報をはじく態度はさめた（クールな），あるいはしらけた意識をあらわしているが，ヴァイブレーションは情報を共振体験として受容させる（同上: 122）。

　この情報の共振体験を促すものとしては，ラジオがあげられる。マクルーハン（1964=1987: 3-4）は，電気技術を用いた聴覚メディア（ラジオやテレビ）の登場により，感覚と神経を地球規模で拡張したと論じ

た。文字のメディアは個人の思考様式に論理的一貫性を促すのに対して，聴覚メディアは感応的な共感を生む。1960年代の日本において，若者文化を形成するために重要な役割を果たしたのは深夜ラジオであったが，このメディア環境は感性を重視する団塊世代以降の若者に親和的だったと思われる[*22]。井上，栗原，小此木がエリクソンを参照し「青年」を用いていたのに対して，平野・中野は「若者」を用いるとともに，マクルーハンのメディア論からの影響がみてとれる[*23]。井上がマクルーハンを引用しつつも，メディア決定論から慎重に一定の距離を置いていた[*24]ことを考えるならば，平野・中野のカプセル人間論は単純化されるきらいはあったものの，メディアと若者の関係を中心に据えて論考した最初のものであり，80年代の新人類論，オタク論の先駆をなすものだった[*25]。

5　1980年代の若者論

　前節でみた1970年代の若者論は，団塊世代あたりの若者について論じたものであった。団塊世代の政治運動の敗北や暴力は，後の世代に政治的無関心を浸透させ，シラケ世代と呼ばれた。このシラケは曖昧な人間関係や言葉を否定した団塊世代の学生運動によって生み出されたと桜井哲夫（1985）はいう。桜井によれば，1960年代までは曖昧さによって円滑なコミュニケーションを可能にしていた。合理的かどうかを協議することによって合意を形成する欧米的なコミュニケーションとは異なり，日本では相手との心理的な依存関係（甘え）によって気持ちを察するコミュニケーションが行われてきた[*26]。ところが団塊世代は旧世代に「イエスかノーか」を迫る二項対立型の近代論理をもち込み，両者の対立を深め，果てはリンチや殺人にまでいたっ

た。こうした事件は人々に対立への恐怖を植えつけ，しだいに対立を排除する方向へと社会全体を進めた。しかし，冒険を禁じられ過保護に育てられた若者は，一方でもめ事を禁じられ，他方で試験の勝者であることを求められた。ダブルバインド状況が恒常化し「自分ということが実感として感じられない」閉塞状況が生み出されていった（桜井 1985: 116, 128-129, 192-193）。

　1980年代は，ブランドなどの固有名詞が散りばめられた田中康夫の小説『なんとなく，クリスタル』(1980)*27で幕を開け，華やかな消費社会が論じられた。たとえ同じケーキでも，家で食べるかおしゃれなレストランで食べるかでは意味が異なる。実際の味（や機能）ではなく，レストランの店舗名や場所名（六本木）といった記号を重視するおしゃれな若者に注目が集まっていく。こうしたなか，若者を消費のターゲットとしたマーケターの視点から極端な若者像が提示された（岩佐 1993: 22）ものの，桜井の80年代前半までの分析からみえる若者像はけっして明るいものとはいえない。声を張り上げ，大きい方がその場を制する学生運動以降，約20年間，誰もが話し手ばかりで「聞き手不在」が常態化するなか，校内暴力やいじめ，不登校，自殺が社会問題化していった。ダメさ，弱さを許容する「甘え」の空間の崩壊こそが聞く力を失わせたのである。甘えとはたんなるもたれかかりではなく，甘えられる関係を成立させていくための努力が相互に必要となる。迷惑をかけることも，対立することをも排除しようとする社会において，若者は相手と信頼関係を築くよりも，モノとの関係を重視するようになっていた（桜井 1985: 209-211, 178-189）。

　桜井の若者論が発表された1985年，『朝日ジャーナル』誌上で「筑紫哲也の若者探検〈新人類の旗手たち〉」の連載が始まった。まるで「異星人」のように何を考えているかわからない若者を，「これまでの

人類ではない」という意味で「新人類」と銘打った（筑紫 1986a: 9）。新人類という言葉が人口に膾炙したのは，連載終了（同年12月）後のことだったという（筑紫 1986b: 202）。興味深いことに，新人類を扱ったこの連載の第一回目は，ビデオゲームの不朽の名作とされる「ゼビウス」の作者，遠藤雅伸が取り上げられている。遠藤はどちらかといえば，『なんとなく，クリスタル』的な新人類というよりも，風貌からしても典型的なオタクにみえる。新人類の旗手としてトップバッターに，オタクとおぼしき人物が登場している事実は，どのように解釈すればよいのだろうか。一般に新人類とオタクは別物と受け取られているが，浅羽通明（1989: 253）は両者が未分化であったことを指摘している。新人類という言葉の浸透前，『朝日ジャーナル』の連載はまさに新人類とオタクが重なっていたことを示していた。また筑紫が選んだインタビューの相手にしても，理解しがたい若者（＝異星人）という区分において，新人類もオタクも同類だったと考えられる。

　さらに同連載第二回目は，オタクの名づけ親である中森明夫が登場した。中森（1989）が『漫画ブリッコ』誌上で「『おたく』の研究」を連載開始したのは1983年6月号，命名の由来は，コミックマーケットなどに集まる若者が相手のことを「おたく」と呼び合っていた事実にもとづいている。マンガやアニメを中心に，電車，SF，パソコン，アイドル，オーディオなどのマニア・熱狂的なファンを指してオタクと名づけているが，ファッションや体型といった外見的特徴を取り上げて揶揄したその記事は，オタク差別以外の何物でもなかった。しかし，浅羽（1989: 269）は，中森自身がオタクであったと推察する。「おたく」は「差別語というよりも自嘲語」に近く，中森は自分がオタクであることを自覚し自嘲することで，傍観者の位置を獲得し，みずからが傷つくことを回避したというわけだ。

そもそも新人類という言葉は，『月刊ACROSS』1983年6月号の特集記事「今，新人類たちが時代を先導する」から使われており，「おたく」という言葉の登場時期と重なっていた（松谷 2008: 126）。それにもかかわらず「新人類」も「おたく」も，それらの言葉は一般にはほとんど認知されていなかった。『朝日ジャーナル』の連載終了後の1986年に発表された成田康昭の論考では，現象として新人類やオタクを扱いながらも，それらの言葉はいっさい使っておらず，両者を未分化な現象として扱っていた。

成田は，平野・中野のカプセル人間論から影響を受け，メディアとの関係を重視した若者論を展開し，アニメやプラモデル，鉄道模型などに凝るマニアを「高感度人間」[*28] と呼び，そのマニア的世界（ミクロコスモス）はメディアへの感度を養うための感性の哺育器だと論じた。二次創作の同人活動やコスチュームプレイ（コスプレ）といった「コピー遊び」に興じる若者たちは，ミクロコスモスのなかで自由に安心して自分の感性や異常性，創造性を試すことができるという（成田1986: 9-17）。本来こうした冒険・実験はモラトリアムの社会のなかで許容されるべきことである。しかし管理社会のなかで試行錯誤が禁じられた若者たちにとっては，アニメやゲームのミクロコスモスこそが冒険や実験を可能にする空間であったといえよう。統合感を得ることができるミクロコスモスは，「一種のサンクチュアリとして機能」した（同上: 85）。

団塊世代以降のカプセル人間が共振的に体験を共有するコミュニケーションを行うことをすでに述べたが，成田は60年代後半に成立したロック音楽から音をリズムで受け止める感性がつくられ，「ノリ」という情報感度が形成されたとし，以来，若者たちの間でノリを共有するコミュニケーションが広がったと論じた。これは1990年代に宮

台真司が論じた「共振的コミュニケーション」へと連なっていく。情報感度とは、「自分の眼の前に広がっている現実に、どれだけの奥行きを持った理解ができるかに関連した力である」。つまり情報に対する能動性のことで、情報を読み、知識の断片を意味あるものとしてまとめあげる力のことである（同上: 31-35, 41, 58, 68-69）。高感度人間論では、このような能力を駆使して情報化社会に対応する「新人類」として肯定的な若者像が描かれた。

　80年代後半は、新人類に関する多くの言説であふれていく一方、オタクに関してはほとんど取り上げられていない。この理由について浅羽（1989）は、マーケティング業界誌に掲載された新人類に関する論文のなかで、オタクは趣味以外にはほとんど消費せず、企業にとっては対応しても「"うまみ"のない層」と断定されていることを引用し、巨大な市場を形成した消費者・新人類にくらべ、オタクは優良顧客にはなりにくいとマーケティング業界からみなされていたことを指摘した。

　オタクが頻繁に取り上げられ一般化するのは、1989年8月に明るみとなった、M事件（連続幼女誘拐殺人事件）後のことだった。Mの自室に無数のビデオテープ、成人向けのマンガや雑誌が積み上げられた様子が報じられると、オタクバッシングが始まった。松谷創一郎によれば、オタクを病理とみなす記事は事件の直前からみられ、事件直後はMのオタクという資質に注目し問題視する記事が目立ち、逮捕数カ月後になるとオタクを擁護する記事が増加した（松谷 2008: 124-129）。事件後わずか4カ月ほどで出版された『おたくの本』（別冊宝島104）は、マスメディアによる「おたく族」解釈に対して異を唱える目的で編まれ、中森や浅羽も寄稿している。

　浅羽は原オタクが70年代に出現したとし、そのルーツは60年代の

「〇〇博士」とあだ名をつけられた少年たちだと指摘した。鉄道博士，昆虫博士，切手博士など，かつて何かのマニアは，スポーツや勉強に優れた者とならんで一目置かれていた。空き地では，異年齢の子ども集団がそれぞれの個性を生かしつつ相互に譲歩し，試行錯誤しながら遊びを創造していた。その当時はまだ社会的な価値が一元化しておらず，勉強の成績だけで人間の価値を評価するような学校化はさほど進行していなかった。しかし70年代に入ると進学塾が繁盛し，放課後は遊ぶ時間ではなくなり，家庭でいわれる小言は「お手伝いしなさい」から「勉強しなさい」に代わっていった（浅羽 1989: 261-263）。桜井は，情報化社会を迎えて価値観が多様になったとする議論を退け，むしろ現代は価値の一元化，均質化が進行していると強調したが，競争に価値を置く管理社会における学校化現象の側面からみるならば，的確な指摘であろう（桜井 1985: 183）。こうしたなか希薄化した日常にリアリティをもたらしたのは，アニメやSFといった趣味と趣味を同じくする者同士の集まりであった（浅羽 1989: 265）。

6　1990年代の若者論

　1990年代に入ると，80年代後半に隆盛をきわめた新人類論は消沈し，代わってオタク論が台頭した（新井ほか 1993: 214）。新井克弥らは，学生を対象にメディアに対する利用と意識を調査し，平野・中野のカプセル人間論をはじめ，若者の能動性を過剰に強調する新人類論に異議を唱えた。マス・コミュニケーション論における受け手の能動性とは，新たなテキストをつくり出すことではなく，あくまでもテキストの解釈における独自性のことであり，カッコ付きの能動性である。実際に多くの若者は「情報機器を十分に使いこなし，さらにそこから得

られる内容を能動的に利用しているわけではない」うえ，自分を「高感度」だとも思っていなかった。80年代にパソコンが会社のオフィスや家庭に普及し，これを「使いこなせない者を社会的落伍者とするような時代的雰囲気さえあらわれてきた」なかで期待されたのが新人類論だった[*29]。しかしM事件によって，メディアとの親和性が必ずしも諸手をあげて肯定できるものではなくなった（新井ほか 1993: 226-228）。

メディアとの親和性は，M事件では特にオタクと関連づけられてきたわけだが，浅羽（1989）は，オタクが同じテレビ番組をみることによって連帯感を得て，その連帯感を媒介して仲間集団を形成することを論じた。さらに大澤真幸（1992）はその連帯感が高じて顕在化したものが同人誌であると強調した。大澤によれば，オタクは自己表現の媒体として仲間と同人誌をつくり，情報を共有し，作品を交換するのだが，そこには同類の仲間とのみ連帯しようとする内閉的なオタクの志向がある。それは個人の内面的な結びつきではなく，相手が自分と同種の関心をもっているかどうかで選別し，思いがけない他者の侵入によって自己がゆらぐことを回避する「予防措置」であった（大澤 1992: 231-233）。

同類とだけつながり，他者を寄せつけない傾向は，人間関係を円滑に結べない「コミュニケーション不全症候群」の議論へと展開していく。中島梓はコミュニケーション不全症候群の特徴を「『他の存在』への想像力の欠如」であるとし，それが現代に適応するための一つの形であると論じた。オタクは自我の殻を十分に形成できなかったカニのようなものであるがゆえに，大きな紙袋に自分の宝物である本や雑誌，同人誌をつめこんで持ち歩く。それら宝物は，オタクを「外界から守ってくれる構成物質そのもの」であり，精神的な家であるという。まさしくそれは，心理的な個室のなかに自分の好きな音楽やマンガな

どの情報を保持するカプセル人間の姿と重なる。そのようにしてオタクは，現実の世界に自分の場所がなくとも，虚構の世界に居場所を置くことで現実へ適応していく。しかし「彼らと適合しない現実があるならば，現実に適応しようと自分を変えるかわりに，なんらかの方法でその代替物をつくりあげてしまう」のがオタクの特徴である。「人間関係よりも大切な関係性」をモノやメディアとの間につくりあげてしまうのである（中島 1991: 22, 28, 34, 38, 50, 64, 72）。

　大澤と中島は，現実と虚構を混同し，その狭間で揺れ動くオタクの心理に言及したが，異質な他者との出会いを避け，虚構の世界で戯れつつも，何も対策を講じなければ，アイデンティティの確立を阻む社会構造のなかで自己の存在を保持する適応のあり方を示そうとしたといえる[*30]。それは70年代以降の情報化社会，消費社会の一つの帰結のようにもみえる。ミクロコスモスは若者の冒険を許容する聖域だと成田は論じたが，その意味では，井上俊のいう理想を求める「聖」（宗教）の領域は，アニメなど「遊」の領域と限りなく接近しつつあったと考えられる。そのことを象徴する事件が90年代半ばに起こった。

　1995年3月に起きた地下鉄サリン事件では，オウム真理教の教義がオタク文化から影響を受けていることが報道された。同教団の広報誌では，ハルマゲドン特集が組まれ，現代の預言書として『未来少年コナン』や『北斗の拳』，『風の谷のナウシカ』，『幻魔大戦』などのアニメが参照されていた（松谷 2008: 130-131）。オウム幹部の世代は1958年から1965年生まれを中心とした新人類世代であり，学歴エリートかつオタクであった。当時，エリートの若者があやしい宗教にはまってしまうのはなぜか，驚きをもって報じられたが，新人類文化が真っ盛りの80年代，その背後では新新宗教や自己改造セミナー，超能力や占いといった精神世界の水脈が広がっていた（アクロス編集室編 1995: 157-

158)。

　宮台真司 (1994: 227, 203-204) は、「今日の過剰に複雑で不透明な社会環境のもとで『主体的』であることなど、わたしたちのだれにとってももはや容易ではない」という。それにもかかわらず世の中では「主体的」であることが奨励され、絶えず否定的な自己意識に脅かされる。ここに宗教的なものが入り込む余地が生まれる。宮台によれば、「宗教の機能的な本質とは、『前提を欠いた偶発性』を無害なものとして受けいれ可能にすること」である。人生のなかで起こる出来事は、必ずしも明確な理由があって発生するわけではない。家族が事件や災害に巻き込まれたとき、残された者は納得できる理由を求めるが、いくら事故の原因を科学的、合理的に説明されたとしても、それを受け入れることは容易ではない。その不幸がなぜ、よりによって自分の身内に降りかかったのかは説明できないからだ。宗教は、そのような偶発的な事故を非科学的であったとしても、宗教独自の論理体系によって納得できるものにしてくれる。

　新人類とオタクの区別も、予想外の出来事をいかに馴致し無害化するか、異なるコミュニケーション戦略を示す人格システム類型（人格類型）として、宮台は分析していた[*31]。不可解で不透明な世界を生き抜くために、新人類は記号を重視した対人関係へ、オタクはアニメなどのメディア世界へと入り込むことで、自分の世界に意味をもたせ（有意味化戦略）、自己を保とうとする（自己像維持戦略）。性格の異なる存在とみなされていた新人類とオタクは、いずれも機能的には等価な戦略を用いて人間関係を築いていたのである（宮台 1994: 257）。

　新人類世代以後、団塊ジュニア世代が登場するものの、1990年代は島宇宙化現象がもたらされ、実質的に世代が消滅し若者の置かれた状況はこれまで以上に不透明になった。島宇宙化とは、村落共同体が崩

壊し，世間が消滅していく状況下で，1980年代の新人類文化までが共有していた世代的同一性が喪失し，同じコミュニケーションを共有できる人間関係の範囲が狭まっていき，その外部は不透明になっていく現象を指している。見知らぬ相手とのコミュニケーションでは，互いに共通する話題を探りながら会話を成立させる技術が必要となる。一般的に西欧では「社交」技術を指すが，そうした技術の伝統がない日本では，出身地や出身校といった身近な共通項（シンボル）をあてにしてきた。しかし，社会が複雑になり分断されていくと，隣人でさえ異質な他者に感じられ，共通のシンボルを維持できなくなる。コミュニケーション回路（共通の感覚・話題）が限定されたなか，若者たちはノリを同じくする共振的コミュニケーションを行うようになる。相手の正体や内面を不問にしたままでも，ノリさえ共有できればコミュニケーションが成立するからだ（同上：86-87, 242-245, 259, 268）[32]。

　このような状況下，若者はさまざまなツールを利用して相互にコミュニケーションを志向するようになる。そのツールの一つに，ポケベルやケータイがある。これらを用いて，匿名性を保ったまま見知らぬ人と親密な関係を結ぶ現象が若者の間でみられるようになった。富田英典は，その見知らぬ親密な人を「インティメイト・ストレンジャー」と呼ぶ。若者たちはポケベルを使えば，匿名のまま安全地帯に身を置き，いつでもリセットできる関係を楽しむことができる。さらに「留守番電話サービス」や「発信電話番号表示サービス」などを利用してあらかじめ受信する相手を選別する行為も顕在化した（富田ほか 1997: 15, 24-25, 90-92）。付き合う相手を選択する人間関係のあり方は，人間関係選択化論へと連なっていく。

　その代表的な論者は辻大介（フリッパー志向），浅野智彦（選択的コミットメント），松田美佐（選択的人間関係）である。いずれも若者の対人関

係が希薄化してきたとする議論に対して，希薄化したのではなく選択的になったのだと主張した点で共通する。対人関係が希薄化したようにみえるのは，相手と包括的（全人格的）に付き合うことを前提とするからであって，若者は部分的にしろ，表層的ではない親密な付き合いをしていた。

　1990年代は，ポケベルやケータイの利用料金が下がり，インターネットの商用サービスが開始されるなど，遠隔の他者とも容易に関係を築くことができるようになる。仲島一朗らは，ケータイを利用して頻繁に友だちとコミュニケーションを取り合う若者のつながりを「フルタイム・インティメイト・コミュニティ」と呼び（仲島ほか 1999），1990年代末から2000年代にかけてメディア・コミュニケーション研究を牽引する概念の一つとして注目されていった。

　若者は多くの知り合いとケータイ番号を交換していても，ふだんから連絡を取り合う相手は10人にも満たない。もともと対面の場で親しくしている相手との関係を緊密にするために，ケータイは利用されていた。つまり，ケータイを用いて友人関係を選別し，親しい層とそうでない層に二層化するのである。その意味でフルタイム・インティメイト・コミュニティの示す若者の関係性は，人間関係選択化論と重なる。フルタイム・インティメイト・コミュニティで示されているのは，すでに対面的な関係を築いている仲のよい人間とだけつながろうとする内向き志向であり，それは見知らぬ相手とも関係を築いていこうとする外向き志向のインティメイト・ストレンジャーとは異なるものである。別の言い方をすれば，親密な相手との関係を維持する機能に着目したのがフルタイム・インティメイト・コミュニティであるとすれば，見知らぬ相手との出会いをもたらす機能に注目したのがインティメイト・ストレンジャーであるといえよう。

1998年にヒットした宇多田ヒカルのファーストシングル『Automatic』には，コンピュータ・スクリーンに映る文字に手をあて，そこに温もりを感じる女性の心情を歌う一節がある。相手の筆跡が伝わらないデジタルでも，スクリーン越しに相手の存在を感じるという宇多田の歌詞は，電子メールやインターネットにおける人間関係は虚構に過ぎない，といった当時よくされた批判とは一線を画すものであり，当時の若者の心情をうまく捉えた一節であった。

7　2000年代の若者論

　インティメイト・ストレンジャーは，生身の人間だけとは限らない。1996年，バーチャル・アイドルの伊達杏子やゲームソフトのキャラクターである藤崎詩織が歌手デビューし，2009年には歌声合成ソフトのキャラクター，初音ミクがステージに立ち2万5000人の観客を集めて話題となった。バーチャル・アイドルは，身体をもたないものの，実質的な存在としてリアリティをもつ。このような感覚は，ポケベルやケータイ，電子メールを用いたコミュニケーションとも共通する。富田英典（1997: 15-16, 2012: 150-151）は，ポケベルのなかだけでつながれた相手とは身体的な関係をもたないが，表示された文字から相手をイメージし，リアリティを感じているという意味ではバーチャル（実質的）な存在であり，バーチャル・アイドルと同じであるかもしれないと論じた。

　2002年，当時の首相小泉純一郎が施策方針演説のなかで知的財産立国を宣言した。日本政府は映画や音楽だけでなく，しだいにアニメやゲーム，マンガといったコンテンツの振興を目指すようになる。アニメやゲームは，政府だけでなくジャーナリズムや学問の世界でも，

人々に害悪をもたらすメディアとして盛んに糾弾されてきた。そのことを考えると，2000年代の政治的な動きは，転換期を予感させた。こうしたなか，経済不況下にあって活況を呈するオタク関連市場が野村総合研究所（2005）によって紹介され，オタクが注目されていく。誘拐殺人事件をきっかけに注目を集め，マスコミや知識人から否定的に取り上げられてきたオタクとは異なり，経済的に「役に立つ」存在としてマーケターから注目されたという意味では，かつて80年代に，消費をしない層として無視された状況が反転したといえる。オタク蔑視も以前にくらべて緩和された，と言われるようにもなっていく。

　1980年代以降，若者論の文脈において人間関係よりもモノやメディアとの関係を重視する行動様式が強調されてきた（桜井 1985; 成田 1986; 中島 1991など）。バーチャル・アイドルに対する振る舞いは，中島梓があげるオタクの特徴とも重なる。オタクが社会的現実よりも虚構を重視するという主張は，しかし現実と虚構の区別がつかなくなることを意味しているわけではない。東浩紀（2001）によれば，オタクが社会的現実よりも虚構を選ぶのは，友人たちとのコミュニケーションを円滑にしてくれるからである。オタクの社交性は，地縁血縁のような「現実的な必然」ではなく，自分の関心にもとづいて有益な情報が得られるかどうかで成立する。そのため，その対人関係は自由ではあるが，いつでも降りられるものでしかない。

　東は，そのようなオタクを取り巻く状況を「動物化」と呼ぶ＊33。人間は何かを欲する時，たんに対象そのものを手に入れたいのではなく，嫉妬されて優越感を得たいといったように対象に付随するあれこれを際限なく欲する。これを欲望という。それに対して，食事をしたら空腹を満たせてしまう直接的なものを欲求という。こうした「他者」を介在させない欲求のみで反応する存在を「動物」とみなし，オタク

に顕著な傾向であると論じた。動物化したオタクの振る舞いは，共振的コミュニケーションによって対人関係を結び，他者へと接続する回路を限定することで「趣味の共同体」に閉じこもる。動物化は，みずからの身体を主体的なセクシュアリティとは切り離して売るストリート系少女（コギャル）にも共通するものとされ，その背景として，東は宮台の島宇宙化になぞらえて「大きな物語」の消滅に求めた（東 2001: 43-44, 132-137）。

　さまざまなメディアが登場し，容易に人間関係を取り結ぶことができるようになる一方，同類とだけつながろうとする志向は，「大人」と「若者」の間だけでなく，若者同士の間でも別のグループに属する「他者」を異質に感じさせ，もはや「若者」という大きな括りで捉えることが困難になっていく。2000年に入ると，そのような状況がたびたび論じられるようになる。

　山田真茂留（2000）は，1990年代に若者全体で共有する文化が失われ，それ以降の若者は他者との個々の関係性を大事にするようになったと指摘し，それを「文化志向から関係嗜好へ」の変化と捉えた。文化を共有する範囲が縮小し，島宇宙化現象が進行してしまえば，個々の関係のなかでそのつど関係を取り結ぶほかはなく，それこそが選択的な人間関係を上昇させた背景だったとも考えられる。

　流動性を増す社会にあって，若者はメディアを駆使して他者と接続していくが，見通しのきかない状況のなかでますます他者が異質なものとして感じられはしないか。辻泉（2006）は量的調査の結果から，選択的な友人関係をもった若者は，同質性を重視する傾向が高く，似通った友人を選びとりたがるという。その結果，周囲がますます異質に感じられ，不安，恐怖が逆に高まり，対人恐怖社会でありながら対人満足社会でもあるという状況が加速するだろうと論じた。近代は，

地縁血縁といった固定的な人間関係から離れ，自由な人間関係を獲得する道程であったが，他方で複雑さを増し，状況ごとに関係を見直し，柔軟に対応しながら生きざるをえない。そうした状況を生き抜く若者たちを指して「コミュニケーション・サバイバー」と呼んだのは，岩田考（2006: 15）であった。

「失われた10年」。バブル経済がはじけ，就職氷河期を迎えた1990年代を指す言葉だが，経済不況は2000年代も続き，「失われた20年」と呼ばれるようになる。この20年，日本の経済成長率は低迷し，先行きのみえない時代となる。小泉内閣が推し進めた新自由主義的な政策は，経済格差を顕在化させ，若者論においても労働問題が主題として扱われていく。

2007年に『論座』に掲載された「『丸山眞男』をひっぱたきたい──31歳フリーター。希望は，戦争。」と題した小論は，衝撃的なタイトルが話題となった。著者の赤木智弘は，30代になっても職を得られず，結婚もできない。親と暮らしながらアルバイトを続ける毎日に，何の希望ももてない胸の内を語る。就職できないのは自己責任とみなされ，誰も救済の手を差し伸べてはくれない。その絶望的な状況のなかにあって，唯一の希望が戦争であった。戦争で多くの人が死ねば，働き口がみつかるのではないかというのが赤木の主張の大筋である。本当に戦争を望んでいるわけではないとしても，平和教育がなされるこの時代にあって，公の場で「希望は，戦争」と口にすることは誰もがはばかられる。しかし，そうぜざるをえないほど逼迫した環境であることを，赤木は社会に訴えたのだ。

2008年に起きた秋葉原無差別殺傷事件では，加害者が派遣社員で「負け組」意識をもっていたことが報じられた。同年に出版された『論争　若者論』（文春新書編集部編）では，不安定な派遣労働の問題と絡め

た議論が目立つ。経済不況が深刻化した1990年代後半以降，労働問題が若者論においてひとつの主題となっていく（浅野編 2009）。2000年代半ばには，雨宮処凛，本田由紀，後藤和智といった論者たちが，ニートやフリーターと呼ばれる若者たちの直面する社会構造上の問題を取り上げ，若者の意識に還元する自己責任論の欺瞞を批判していった。2000年代後半は，若者自身による若者語りと若者批判への反論が盛んに行われたことも一つの特徴といえるだろう。

　フリーターという造語が生まれたのは1987年。就職せずに自分の可能性をみつけようとする若者を肯定的に捉えた言葉だった。前年の労働者派遣法施行によって非正規雇用も始まっていた。経済成長期にあって，労働の自由化は若者にとってけっして悪い印象ばかりではなかった。しかし，経済不況期においては，就職したくてもその間口が大幅に狭められ，一度フリーターに身を落とすと，輝かしい自由どころか，結婚の選択肢をも失ってしまう。流動化した社会にあって，不幸な「（不）自由」が待ち受けていた。赤木は，戦争で大勢の人が死ねば「流動化」すると希望を語ったが，彼にとって社会は自分の努力ではどうにもならないくらい「固定化」したものに感じられていたのであろう。

8　2010年代の若者論

　長い経済不況に加え，安定した職につけない若者たちの境遇は，不幸の状態にあると考えられていた。少子高齢化にともない高齢者を支える一人あたりの人口が減り，社会保障費の負担は増えるばかりだが，若者が高齢者になった時に自分たちが年金を十分に受給できるとは限らない。こうした社会保障問題は，世代間格差として認識される

ようになっていた。さらに追い打ちをかけるように2011年に東日本大震災が起こった。原子力発電所が津波によって壊され，放射性物質による環境汚染は，この先の日本の未来に対する不安を増大させた。そのようななか若者論においてひとつの新しい視点が注目を集めた。それは，若者は不幸なのではなく「幸せ」を感じているというものだった。

　これは，内閣府「国民生活に関する世論調査」やNHK放送文化研究所「日本人の意識調査」といった各種調査から導き出され，いずれも若者の生活満足度の高さを示していた。そうした状況を「絶望の国の幸福な若者」として描き，注目を集めたのは古市憲寿（2011）だった。絶望的とも思える社会状況にもかかわらず，若者が幸せを感じるのはなぜか。仲間がいるコミュニティに属し，その小さな世界で日常を送ることに若者の幸せの本質があると古市はいう。所属集団を基準にして自分の幸せをはかる（相対的剥奪）ため，経済不況が続こうとも日本人に共通することであるならば剥奪感はない。身のまわりの小さな世界（ムラ社会）にとどまるなら，仲間以外の世界がどうなろうとも，社会的格差があろうとも問題にならない。閉塞感や退屈を感じたならば，日常から抜け出し，海外でボランティアに勤しみ充実感を得る（同上：109-111, 202）。

　古市の語り口からは，2000年代に盛んに論じられたような若者が直面する深刻な格差を感じられない。しかし，赤木が日本の労働環境の「固定化」を打破するために「戦争」という非日常を希望したと捉えるならば，古市のいう若者は，「閉塞感」を抜け出すために「海外」「ボランティア」といった出口を求めた点で似たような心理構造であるといえるだろう。とはいえ，古市が若者に「幸せ」を見出したのは，仲間の存在があるかどうかである。「かつての友人」は結婚して家族をもち，

自分はといえば深夜バイトと実家の往復生活であるというように，少なくとも赤木はかなりの程度，社会関係資本（社会的ネットワーク）を損なっているようにみえる。若者の幸せにおいて「友人関係の重要度は非常に高まっている」と古市が強調するように，経済的基盤だけでなく，友人やコミュニティといった社会関係資本を有しているかどうかが分岐点になる。若者のムラ社会は，かつての地縁や血縁，あるいは社縁にもとづいた共同体とは異なり，簡単に壊れやすい。その反面，参入離脱が自由な人間関係を自分自身で選ぶことができる（同上：249, 252）。

　古市は，若者によるムラ社会（自由で小さな世界）が成立した背景を，1990年代に世間が瓦解し，準拠集団がなくなったことに求める。これは島宇宙化や若者文化融解説など，若者論では繰り返し語られてきた現象に共通するものである。流動化した人間関係のなかで幸せを得るためには，自己承認の資源を確保することが優先され，帰属先を複数もつことが推奨される。宗教や伝統に頼らずに，自立した個人を作り出す近代化のプロジェクトの歯車が嚙み合わなくなり，正社員や専業主婦といった一人前の「大人」として認められる前提が崩れ出した（同上：252, 258-260）。

　若者をつなぐ媒体として，「趣味」に着目したのは浅野智彦だった。古市がムラ社会でのほほんと暮らす若者を，一部の一般市民（エリート）に支配される二級市民（下層階級）として捉えたのに対し，浅野は趣味を介して取り結ぶ縁（趣味縁）がコミュニティを形成し，若者の社会参加を促すとして積極的に評価する。部屋に閉じこもってアニメやゲームに耽溺するオタク的趣味でさえ，政治運動などの社会参加への通路を開く。ここでいう社会参加とは，見知らぬ他者とも協力関係を築いていくことであり，何らかの問題を解決するために，協力関係

を組織していく作法を公共性と呼ぶ（浅野 2011: 1-2, 8）。彼の描くオタク・若者像は、これまでさまざまな論者によって語られてきた、どちらかというと内閉的なオタク・若者像とは異なっている。

　浅野によれば、今日の若者の大きな特徴の一つは、第一に友人関係の重要性の上昇、第二に友人関係の充実度の上昇、第三に友人関係の常時接続化である。つまり、若者にとって友人の存在が重要視され、友人といる時に充実感を得るうえに、ケータイやメールを利用してつねに友人たちとつながり、親密な関係を築くようになったということだ。これは、フルタイム・インティメイト・コミュニティとも重なり、情報通信技術の環境が整うことで、より多様化、常態化したと捉えられた。仲のいい友人とだけ常時つながりたがる態度は、閉鎖的な対人関係として受け取られがちであるが、趣味を通じて複数のサークルに所属し、自分とは異質の他者と関係を結ぶことは、他者への寛容な態度を養い、信頼と互酬性を学ぶという（同上: 11-17）。

　これはロバート・パットナムの「社会関係資本」の考え方にもとづくものだ。社会関係資本といえば、個人の利益に資する人間関係を指し、そのネットワークを利用すれば、たとえば職を斡旋してもらうことができる。パットナムは、そうした個人の利益だけでなく、地域社会の公共の利益になるものとして社会関係資本を捉えた。対等な立場で自発的に参加してつくる集団「二次的結社」の多い地域では、地方政府の運営が良好になり、住民はそこからもたらされる恩恵を享受できる。

　浅野が注目するのは、(1) その二次的結社は趣味を媒介とした集まりであり、特に公共性を強調したような団体ではないこと、(2) さらに、規則が取り決められているような「固い」二次的結社ではなく、ゆるやかなネットワークを社会関係資本の根づく場所として、パット

ナムがあげていることである。そのようなつながりは，アニメやゲームを愛好するオタクの参入離脱が自由なネットワークにみてとれる。「社会参加」など何かの目的のために導入されたものは，すでにその効果は決定的に失われてしまう。しかし，社会にとって何の役にも立たないと思われいていることに，熱意をもって没頭できるオタクは，同人活動に勤しむなかで相手への敬意が生まれる可能性をもつという。ここに浅野は，自発的な社会参加の種を見出したのではないか（同上：39-48, 80, 89, 126-127）。

　近代の価値観からすれば「役に立たない」ものに没頭するオタクの姿は人々の目に奇異に映り，多くの否定的な言葉を投げかけられてきた。ところが，そのオタクの愛好するコンテンツが「クール」（カッコいい）であると，海外の人々から評価されてきたのも事実である。ヘザー・ボーウェン゠ストライク（2010: 164）は，「クールとは『生産的でなければならない』という状態から離れていること」だと指摘する。つまり，「役立つ」ことを推奨する近代の生産主義的価値観から日本のコンテンツが自由であるように，海外の人々にはみえたのだ。とはいえ，その態度が作家や読者（ファン）の間で共有されていたのだとしても，日本においてそのような態度が肯定的に受け入れられてきたわけではない。2000年代の「知財立国宣言」によるオタク的コンテンツへの注目は，外貨を獲得しようとする経済的な国家プロジェクトである。そうした側面を考えると，生産に役立つものとして近代の価値観の範囲内で政策に利用されているのであり，けっして「クール」ではない。逆に，近代のイデオロギーに対抗的な価値観が国家プロジェクトのなかに入り込む状況こそがクールともいえるだろうか。

　キース・ヴィンセント（2010: 15-17）によれば，日本が国内外でもたれている印象は「未成熟」「子どもっぽい」である。そのような印象は

「アメリカの子ども，ニッポン」といったように政治的にも利用されてきた。アメリカで日本学を志望する学生は，自分の経歴に役立つと考えているのではなく，日本の大衆文化を「『子ども／大人』という区別を拒否することに関係するもの」として受け取っており，その「未成熟さ」を研究したがっているのだという。これまでみてきたように「未成熟」は，日本における青年論，若者論においても底流をなすものだった。オタクの文脈のなかで，しかも海外から日本的未成熟が近代イデオロギーに対抗する価値観として見直される事態は，オタクの趣味縁の政治性を問うた浅野智彦に対する一つの回答を示すようにも思われる。

　2012年，安倍晋三首相が主導した経済政策によって，長期にわたって続いた経済不況から脱した。ところが，好景気となっても所得はたいして上がらず，相対的貧困率は高いまま推移した*34。にもかかわらず，2018年，内閣府「国民生活に関する世論調査」において，若者の生活満足度は過去最高の数値を記録する。こうした状況をふまえ，土井隆義 (2019) は，生活満足度が上昇している理由としてかつて古市があげた理由，(1) 人間関係の心地よさ，(2) 高い希望を抱かなくなったことを各種調査を用いて再検討する。

　人間関係に対する満足感が生活満足度を支える要因となっているのであれば，人間関係の満足と生活満足の増減する時期は一致するはずだが，人間関係の満足度は1980年代から一貫して上昇しているにもかかわらず，生活満足度は，1980年代は横ばい，90年代に大きく下降，2000年代に上昇に転じるのであった。若者の期待水準が低いのは，コミュニティの人間関係でほぼ満足しているからで，インターネットの普及が背景にあるというのが古市の説明であった。しかし，いまや高齢層でもインターネットを駆使するようになったものの，彼

らの期待水準は逆に上昇していた。高齢層の期待水準が上昇している
のは，インターネットがあるからではなく，つまり現在の集団を基準
にして比較しているのではなく，努力すれば報われると錯覚できるほ
どの成長期を生きた過去の自分に準拠点を置くからであると，土井は
指摘する。すでに成長を終え，成熟期に入った時代において，努力し
てもたいして大きな変化は得られなくなる。その報われない時代を生
きる若者にとっては，かつてのように幻想を抱くことができる過去が
ないのだ。

　若者にとって未来は，いくらあがいても変えようのないものだと感
じられているために，無理をせず現在の生活を楽しもうとするように
なった。自分の努力では変更不可能なものによって人生が決まってい
ることを「宿命」というが，若者はまさにそうした宿命を背負ってい
るかのようにして生きている（土井 2019: 5, 37, 39, 43-46, 78）。

9　結　語

　本章ではおもに戦後の若者論を概観してきた。60年代までの青年
論は，社会に適応できない若者をいかに矯正していくか，そうした関
心のもとで考究していくものが多かった。青年は，まだ未熟であるが
ゆえに不安定であると同時に，潜在的に社会の役に立つ存在であるか
らこそ，善導しようと考える。それは法律や教育，社会の仕組みが大
きく変わった戦後という時代の影響も少なからず反映していた。若者
の風俗，族文化は，取り締まりの対象ともなり，大人に対抗する若者
という図式で捉えられた。

　60年代後半の学生運動の激化は，70年代に入って「現代の青年問
題」として社会学の関心を集めた。それだけでなく70年代は，政治の

時代から非政治（シラケ）の時代へと大きく変わっていく。そこでは成熟から距離をとり，未決意識をもち，やさしい青年が語られた。それはまた，エリクソンの影響が強く残るなかにあって，青年を社会の秩序に回収しようとする視点を乗り越えるものだった。井上俊は，管理社会化するなかで若者が聖なるもの（理想）とも俗なるもの（功利）からも距離をとり，遊戯によって硬直から自由になることを鮮やかに分析してみせた。

　情報化社会となる70年代半ばには，ラジオや音楽，マンガといったメディアとのかかわりにおいて若者を捉えた中野収らのカプセル人間論が登場する。井上は，聖なるものと距離を置き，バランスをとろうとする青年の態度を捉えたが，カプセル人間論では，聖なるものを取り込んで自我を保とうとする。しかも，聖なるものは音楽やマンガといった遊戯的なメディアだった点に留意したい。このカプセル人間は，80年代以降の高感度人間，新人類，オタク，共振的コミュニケーション，動物化，人間関係選択化論とも重なる論点を提示していた。一方，井上の未決意識（やさしさ）は，やさしさ，モラトリアム人間，甘えのコミュニケーションに通底する論点を含んでいた。

　若者論は，カプセル人間論を境界にして「青年」から「若者」へと言葉を替え，発達段階論的な視点から自由になっていった。その一方でアイデンティティは，青年・若者論に通底するテーマでありつづけた。2000年代後半の若者の労働問題においても，単純に非正規雇用やフリーターの問題を扱っているわけではない。豊澤登（1953）は「職業は単なる生計の手段であるのではない。それは人格を実現するための不可欠の通路なのである」と強調し，社会的不適応についても，青年の職業問題は人生観や世界観の問題であり，自殺の原因でもあると述べる。敗戦から8年経過した1953年7月29日，読売新聞に掲載された懸

賞当選論文で，ある青年は，(1) 青年学級では職業教育を重視してきたが就職先がないこと，(2) 目標も希望もない自由主義の社会に意味を見出せないが，特攻隊は拠りどころと目標があり，ファシズムは青年の希望になり得ること，(3)社会，民族，国家との紐帯がなく，これを探している私たちに「大人たちはそっぽをむかないでほしい」と訴えた（豊澤1953: 31-32）。これは，(1) 就職先がなく，(2) 将来が見えず，戦争を希望し，(3)「私を戦争に向かわせないでほしい」と訴える赤木智弘と重なる。職業とアイデンティティの問題は50年経っても変わらない点は留意したい。

若者組がそうであったように就職と結婚は長らく，一人前の大人とみなす指標であった。それは，アイデンティティの問題であると同時に，成熟の問題でもあった。大人の前段階である青年期において，自分の可能性を信じ，それに向かってまっすぐに進むことができたのなら確固とした自己を感じとることができるだろう。しかし，1960年代後半から1970年代初頭にかけての団塊世代の学生運動，連合赤軍の暴力は，人々をしらけさせ，真面目で硬直したものに対する懐疑心を植えつけた。社会が複雑になれば，伝統や年配者の意見もあてにならなくなる。そうしたなかでも「役立つ」こと，生産的であることに価値を置く，自立した個人を基本とする近代イデオロギーは根強く残る。80年代以降のオタク論においても，成田康昭や中島梓らは，オタクの適応のあり方を示しつつも，いずれ成熟することを望んでいた。

ミシェル・フーコー（1975=1977）によれば，近代における自己形成は，社会的装置を介して諸個人を規律・訓練し，「役立つ」人間に矯正していくことで成し遂げようとする。役立つというのは成熟を意味する。役立つことに無縁な趣味に興じ，引きのばされたモラトリアムにとどまるオタクはつねに蔑視の対象になりうる。若者・オタク現象

は，成熟への強迫を背景に，そこからの離脱がラベリングされる過程でもあるからだ。神野由紀（2011）によれば，近代は合理性と非理性的な感覚を切り分けてきたが，子ども向けの商品のなかに大人の趣味が入り込んでいたという。つまり，ナンセンスな趣味嗜好や情緒的で非理性的な感覚は近代的自我と相反するため，そうした自分の趣味嗜好を守るために，大人は子どもという媒体を必要としたのである。そこには「大人／子ども」「成熟／未成熟」「高級／低級」といった近代的な二項図式が厳然とある。

敗戦後，三四半世紀を経て，生産主義的な近代イデオロギーに対抗的な言説が若者論においても肯定的に論じられるようになってきた。それはひとつに，「クール」という海外からの評価によって，日本のオタク文化が見直されたように，キース・ヴィンセントやヘザー・ボーウェン＝ストライクといった海外の日本研究者によって示されたといえる。ただし，こうした近代的自我に囚われない視点は「未決意識」や「やさしさ」といった70年代以降の若者論に見出すことができる。

そのような「未成熟」は，若者やオタクに限定される特徴というよりも，戦後の日本が担わされていた政治的イメージでもあったように，大人を含む特徴である。「未決意識」（井上俊），「動物化」（東浩紀），「一億総若者化時代」（古市憲寿）など，若者やオタクを分析した研究者たちの言葉は，その特徴が日本全体の傾向として広がっていることを強調してきた。逆にいえば，そうした現象をいち早く体現する存在として若者が取り上げられてきたともいえる。その一つひとつが妥当かはともかく，若者を論じる際には，「大人」の側も近代という時代に生きる一人であること，つまりそうした大きな時代の流れのなかで等しく影響を受けていることを忘れてはならない。

＊1── 若者論をまとめた研究は，70年以降の著作物から取り上げられることが多く，その代表作として小谷ら（1993）の研究があげられるが，ほかにも市川（2003），浅野（2008, 2009），鈴木（2012）などを参照されたい。注2も参照のこと。

＊2── 岩佐（1993: 9）。日本社会学会のシンポジウム「現代の青年問題」で仲村祥一は，青年を捉える視角には労働，文化，政治があると論じた（塩原 1971: 3）。なお日本の心理学では1965年から青年心理を根源から体系的に把握しようと試みており，1970年に日本教育心理学会の年報で日本，米英，フランス，西ドイツ，東ドイツ，ソビエトの研究を展望している（塚田編1970）。

＊3── 平野・中野（1975: 4）は大学紛争のインパクトとして，若者を理解する際に社会科学の既存の知識，論理，概念が役に立たなくなっていたことをあげている。

＊4── ギリス（1981=1985: 5）。青年と少年が未分化であった中世，ことにフランスにおいては7歳になると大人たちの世界へ合流した（アリエス 1960 = 1980: 341, 384）。

＊5── 中山（1980）によれば，若者連に関すると思しき記述は，古くは養老令の儀制令にみられるが，その起源は判然としない。また，後述の慣習や寝宿は形を変えつつ，地域によっては明治以降も残った。

＊6── ケニストン（1971=1977: 13），笠原嘉（1977: 58），ギリス（1981=1985: 183-185），岩佐（1993: 7），難波（2007: 30）。心理学における青年期（adolescence）の用語は，スタンレー・ホール『青年期』（1904）から使われたとされる。

＊7── ルソーは第1期を2歳以前の離乳期まで，第2期を離乳期から12, 13歳まで，第3期を12, 13歳から15歳まで，第4期を15歳から20歳まで，第5期を20歳から25歳とした。

＊8── ルソー（1762=1968: 13-18）第4篇。

＊9── エリクソンは発達段階を口唇感覚期（第1段階），筋肉肛門期（第2段階），移動性器期（第3段階），潜在期（第4段階），思春期と青年期（第5段階），若い成年期（第6段階），成年期（第7段階），円熟期（第8段階）に分類した。なお，これらの訳語は定まらずたびたび変わっているが，第5段階の「青年期」は同じままである。

＊10── エリクソン（1963=1971, 1963=1977, 1968=1969）を参照。

＊11── エリクソンの理論への期待は岩瀬（1969）を，その影響力は小谷編（1993）を参照。

＊12──新井ほか（1993: 206）。朝日新聞の見出しにおける「若者」と「青年」の登場
回数をくらべると，1950-60年代は「青年」が多用されていたものの，1970年代になる
と逆転し「若者」が多くなる（難波 2007: 38; 阪本 2008: 34）。

＊13──宮台ほか（1993）の島宇宙化論や山田（2000）の若者文化融解説など。

＊14──富裕層の子弟の風俗を描いた石原慎太郎の『太陽の季節』は，1956年に芥川
賞を受賞し映画化された。この映画の登場人物をまねて，海辺で遊ぶ若者たちを太陽
族と呼んだ。ロカビリー族はロック・アンド・ヒルビリーというジャンルの音楽を好
み，エルヴィス・プレスリーを模倣し髪型をリーゼントにした。1958年に日劇ウエス
タンカーニバルが開かれ，ロカビリー・ブームが高まる。1959年に登場したカミナリ
族は，オートバイのマフラーを改造して爆音を響かせ，スピードを楽しみ，曲乗りす
る若者たちを指した。当時の風俗，族については加藤ほか（1967），世相風俗観察会編
（2001），馬渕（1989），岩間（1995），難波（2007）を参照。

＊15──もっとも少数派だからといって若者論として成立しないわけではなく，むし
ろ井上俊が論じるように若者の特性が象徴的にくっきりとあらわれていることもある
（井上 1973: 41）。

＊16──阪本（2004: 196）。また阪本（2008）は1950年代の大衆娯楽雑誌『平凡』を介
して結びついていた勤労青少年の文化を扱っている。

＊17──渡辺潤によれば，1960年代から70年代初めにかけて湧き起こった対抗文化
は，「習慣化した様式が抑圧として感じられ，そこから離れて，自己の感覚を尺度とし
て行為をやり直すところに」生まれた。このような対抗文化は，ある明確な主義主張
にもとづく変革運動ではなく，ファッションやダンス，音楽といった風俗が反戦や大
学闘争など硬質な主張と重なり合ったものであった（渡辺 1982: 93-94, 105）。みずか
らが対抗文化の担い手だった渡辺は，「ひとつの理想のために，現実だとか自分自身
の実感を押さえつけるというそれ以前の古いタイプとはちがって，自分の感じられる
ところ，あるいは現実のなかで自分の理想につながるものをひとつひとつ確かめてい
く」ことが一番大事だったと語っている（同上: 82）

＊18──ロックなどノリのよい曲に合わせて激しく踊るダンス。

＊19──井上が援用しているは，カイヨワの聖－俗－遊の多元論である。俗（功利
主義）から聖（理想主義）への離脱は偽善性に対する批判となり，遊（あそび）への離
脱は俗と聖とを相対化する批判となる（1971: 36, 1973: 72-73）。さらに，ここではア
ドルノらの『権威主義的パーソナリティ』から「操作的」と「イージー・ゴーイング」と
いった二つタイプに関する議論を引きながら遊びの機能を論じている（1971: 38-39,
1973: 26-29）

＊20——翻訳者の中島由恵によれば，アイデンティティ拡散とは，自分が何者かわからず混乱し，制度化されたモラトリアムもみずからの社会的位置づけも得ることができない状態のことである（エリクソン 1959=2011: 224）。

＊21——平野・中野のいう聖性とは，俗と対置する「神聖な性質」や「冒し難い領域」くらいの意味で使われている。

＊22——平野・中野は「ラジオは若者たちの生活状況をつくった」という（平野・中野 1975: 202）。

＊23——ただし平野らは，マクルーハンの議論からの影響を思わせる部分に対しても明確に参照先を示していないため，筆者の推察の域を出ないが，本章の目的から外れるためここでは詳細な検討はしない。なお明確に言及している箇所の例としては，つぎがある。「マクルーハン流にいえば，数多くの属性を持つ，クールなメディアであった」（平野・中野 1975: 245）。

＊24——井上（1973: 52-53）は，若者の感性志向がメディア環境の変化によってのみ引き起こされたとせず，社会心理の変化と重ね合わせて考察している。

＊25——岩佐（1993: 25-26）は，平野・中野の議論が「対メディアの視角」からアプローチしたものとして「卓抜した若者論」だとしながらも，小此木や平野・中野の「類型が過度の単純化をともなっていたことは否めない」と論じている。守弘（1993: 148-149）によれば，メディアと若者の関係は，マス・コミュニケーションの悪影響に関する否定的評価と教育効果のための積極的使用のいずれかに二分されていたが，カプセル人間論は若者の孤立や連帯に着目し，メディアの機能を論じた最初の研究だった。

＊26——桜井（1985: 126），佐藤（1992: 302），岩間（1995: 15-16）。

＊27——1980年，河出書房新社の『文芸』19 (12) に「昭和55年度文芸賞」の当選作として発表され，翌年に書籍化された。

＊28——もともと高感度人間はマーケティングの視点から「都市的な感性をそなえた新しい消費者」に付けられた名前だったという。『JJ』（1975年創刊）や『ポパイ』（1976年創刊）といったカタログ誌の情報からそこに潜在するモノの意味を読み込み，それを身につけて誇示することで人との競争に戯れる人間（成田 1986: 22-30），すなわち新人類を指している。

＊29——ただし新井らの調査もテレビを中心としたもので，必ずしもパソコンを利用する若者たちの実態を明らかにしているわけではない。

＊30——しかしそれは，成熟することが望まれ，いずれはオタクを卒業することが求められていることに留意する必要がある（相田 2005: 40）。

＊31──宮台ほか（1993: 117-118; 1994: 171）。宮台は，五つの人格類型を設定し，新人類にあたるものが「ミーハー自信家」（リーダー）と「友人ヨリカカリ人間」（フォロワー）で，オタクにあたるものが「頭のいいニヒリスト」（リーダー）と「ネクラ的ラガード」（フォロワー）とする（宮台 1993: 119）。

＊32──かつて同じ日本人という近接性を作り出すシンボルとして機能したのが「天皇」である。そのような大きなシンボルは，しだいに機能しなくなっていく。宮台によれば，島宇宙化の始まりは，団塊ジュニアが高校生になり，新人類世代が30代になった1987年，共振的コミュニケーションの始まりは，女生徒の間でまる文字の交換日記が流行った1973年である（宮台 1994: 243-244, 265）。

＊33──東は，人間と動物の差異をアレクサンドル・コジェーヴの解釈から捉え，動物化現象を説明する。

＊34──景気は日経平均株価で算出すると，2013年に日経平均は1万5000円台に上がり，景気回復しているといえるが，225社の優良企業で算出する日経平均の数値と，生活者が肌で感じる景気，すなわち賃金と消費をベースにした景気は乖離する。また，厚生労働省「国民生活基礎調査」が算出する相対的貧困率は2012年の16.1％を頂点に2015年15.7％，2018年15.4％とわずかに減少傾向にあるが，いぜん高いままである。

参考文献

アクロス編集室編, 1995,『流行観測 96-97』PARCO出版.

相田美穂, 2005,「おたくをめぐる言説の構成──1983年〜2005年サブカルチャー史」『広島修道大論集』46（1）: 17-58.

赤木智弘, 2007,「『丸山眞男』をひっぱたきたい──31歳フリーター。希望は，戦争。」『論座』朝日新聞社: 53-59.（再録: 文春新書編集部編, 2008,『論争　若者論』文藝春秋: 10-24.）

浅羽通明, 1989,「高度消費社会に浮遊する天使たち」『別冊宝島104号　おたくの本』JICC出版局: 251-271.

浅野智彦, 1999,「親密性の新しい形へ」富田英典・藤村正之編『みんなぼっちの世界──若者たちの東京・神戸90's・展開編』恒星社厚生閣: 41-57.

───, 2008,「若者論の40年」文春新書編集部編『論争　若者論』文藝春秋: 226-233.

───, 2011,『若者の気分──趣味縁からはじまる社会参加』岩波書店.

───編, 2005, 『検証・若者の変貌──失われた10年の後に』勁草書房.

───編, 2009, 『若者とアイデンティティ』日本図書センター.

新井克弥・岩佐淳一・守弘仁志, 1993, 「虚構としての新人類論──実証データからの批判的検討」小谷敏編『若者論を読む』世界思想社: 204-230.

東浩紀, 2001, 『動物化するポストモダン──オタクから見た日本社会』講談社.

───編, 2010, 『日本的想像力の未来──クール・ジャパノロジーの可能性』NHK出版.

市川孝一, 2003, 「若者論の系譜──若者はどう語られたか」『人間科学研究』(25): 123-130.

井上俊, 1971, 「青年の文化と生活意識」『社会学評論』22 (2): 31-47.

───, 1973, 『死にがいの喪失』筑摩書房.

岩間夏樹, 1995, 『戦後若者文化の光芒──団塊・新人類・団塊ジュニアの軌跡』日本経済新聞社.

岩佐淳一, 1993, 「社会学的青年論の視角──1970年代前半期における青年論の射程」小谷敏編『若者論を読む』世界思想社: 6-28.

岩瀬庸理, 1969, 「訳者あとがき」エリクソン, E.H.『主体性──青年と危機』北望社.

岩田孝, 2006, 「多元化する自己のコミュニケーション──動物化とコミュニケーション・サバイバル」岩田考・羽渕一代・菊池裕生・苫米地伸編『若者たちのコミュニケーション・サバイバル──親密さのゆくえ』恒星社厚生閣: 3-16.

小此木啓吾, 1978, 『モラトリアム人間の時代』中央公論社. (1981, 中公文庫.)

大澤真幸, 1992, 「オタク論──カルト・他者・アイデンティティ」アクロス編集室編『ポップ・コミュニケーション全書──カルトからカラオケまでニッポン「新」現象を解明する』PARCO出版: 210-251.

笠原嘉, 1977, 『青年期──精神病理学から』中央公論社.

片瀬一男, 1993, 「発達理論のなかの青年像──エリクソンとコールバーグの理論を中心に」小谷敏編『若者論を読む』世界思想社: 29-53.

加藤秀俊・加太こうじ・岩﨑爾郎・後藤総一郎, 1967, 『明治／大正／昭和　世相史』社会思想社.

木村直恵, 1998, 『〈青年〉の誕生──明治日本における政治的実践の転換』新曜社.

栗原彬, 1981, 『やさしさのゆくえ＝現代青年論』筑摩書房. (1994, ちくま学芸文庫.)

小谷敏編, 1993, 『若者論を読む』世界思想社.

權田保之助, 1922, 『民衆娯楽の基調』同人社書店.

阪本博志, 2004, 「1950-60年代の勤労青少年に関する研究の現状と展望──大衆娯楽

　　雑誌を手がかりにした研究に向けて」『京都社会学年報』(12)：185-198.

─────，2008，『「平凡」の時代──1950年代の大衆娯楽雑誌と若者たち』昭和堂.

桜井哲夫，1985，『ことばを失った若者たち』講談社.

─────，1997，『不良少年』筑摩書房.

佐藤俊樹，1992，「解体する日本的コミュニケーション──「気持ちのわかりあい」の
　　生成から崩壊まで」アクロス編集室編『ポップ・コミュニケーション全書──カ
　　ルトからカラオケまでニッポン「新」現象を解明する』PARCO出版：298-320.

神野由紀，2011，『子どもをめぐるデザインと近代──拡大する商品世界』世界思想
　　社.

世相風俗観察会編，2001，『現代風俗史年表──昭和20年（1945）〜平成12年（2000）
　　増補2版』河出書房新社.

塩原勉，1971，「青年問題への視角」『社会学評論』22 (2)：2-5.

鈴木謙介，2012，「若者のアイデンティティ」小谷敏・土井隆義・芳賀学・浅野智彦編
　　『若者の現在　文化』日本図書センター：107-137.

田中康夫，1981，『なんとなく，クリスタル』河出書房新社.

筑紫哲也編，1986a，『新人類図鑑 PART 1』朝日新聞社.

─────編，1986b，『新人類図鑑 PART 2』朝日新聞社.

辻泉，2006，「『自由市場化』する友人関係──友人関係の総合的アプローチに向けて」
　　岩田考・羽渕一代・菊池裕生・苫米地伸編『若者たちのコミュニケーション・サ
　　バイバル──親密さのゆくえ』恒星社厚生閣：17-29.

辻大介，1999，「若者のコミュニケーションの変容と新しいメディア」橋元良明・船津
　　衛編『子ども・青少年とコミュニケーション』北樹出版：11-27.

塚田毅編，1970，「青年心理学に関する最近の研究」『教育心理学年報』9：67-144.

豊澤登・平澤薫編，1953，『青年社会学』朝倉書店.

豊澤登，1953，「青年の問題性──その社会学的理解」豊澤登・平澤薫編『青年社会学』
　　朝倉書店：21-59.

富田英典・藤村正之編，1999，『みんなぼっちの世界──若者たちの東京・神戸90's・
　　展開編』恒星社厚生閣.

富田英典・藤本憲一・岡田朋之・松田美佐・高広伯彦，1997，『ポケベル・ケータイ主
　　義！』ジャストシステム.

富田英典，2012，「都市空間，ネット空間とケータイ」岡田朋之・松田美佐編『ケータ
　　イ社会論』有斐閣：137-152.

土井隆義，2019，『「宿命」を生きる若者たち──格差と幸福をつなぐもの』岩波書店.

中島梓, 1991,『コミュニケーション不全症候群』筑摩書房.

仲島一朗・姫野桂一・吉井博明, 1999,「移動電話の普及とその社会的意味」『情報通信学会誌』16(3): 79-92.

中山太郎, 1930,『日本若者史』春陽堂.

中森明夫, 1989,「僕が『おたく』の名付け親になった事情──「おたく」命名第一号の原稿を全文採録!」『別冊宝島104号　おたくの本』JICC出版局: 89-100.

難波功士, 2007,『族の系譜学──ユース・サブカルチャーズの戦後史』青弓社.

成田康昭, 1986,『「高感度人間」を解読する』講談社.

野村総合研究所オタク市場予測チーム, 2005,『オタク市場の研究』東洋経済新報社.

ヴィンセント, キース (Vincent, K.), 2010,「『日本的未成熟』の系譜」東浩紀編『日本的想像力の未来』NHK出版: 15-46.

文春新書編集部編, 2008,『論争　若者論』文藝春秋.

平野秀秋・中野収, 1975,『コピー体験の文化──孤独な群衆の後裔』時事通信社.

ボーウェン゠ストライク, ヘザー (Boewn-Struyk, H.), 2010,「プロレタリア文学のクールさの可能性」東浩紀編『日本的想像力の未来』NHK出版: 161-168.

古市憲寿, 2011,『絶望の国の幸福な若者たち』講談社.

馬渕公介, 1989,『「族」たちの戦後史』三省堂.

松田美佐, 2000,「若者の友人関係と携帯電話利用──関係希薄化論から選択的関係論へ」『社会情報学研究』(4): 111-122.

松谷創一郎, 2008,「〈オタク問題〉の四半世紀」羽渕一代編『どこか〈問題化〉される若者たち』恒星社厚生閣.

宮台真司, 1994,『制服少女たちの選択』講談社.

宮台真司・石原英樹・大塚明子, 1993,『サブカルチャー神話解体──少女・音楽・マンガ・性の30年とコミュニケーションの現在』PARCO出版.

宮川知彰, 1970,「日本における青年心理学」塚田毅編「青年心理学に関する最近の研究」『教育心理学年報』9: 67-76.

守弘仁志, 1993,「情報新人類論の考察」小谷敏編『若者論を読む』世界思想社: 142-168.

柳田國男, 1932,『明治大正史　世相篇』朝日新聞社編, 朝日新聞社.

山田真茂留, 2000,「若者文化の析出と融解──文化志向の終焉と関係嗜好の高揚」『講座社会学7　文化』東京大学出版会: 21-56.

渡辺潤, 1982,『ライフスタイルの社会学──対抗文化の行方』世界思想社.

Ariés, P., 1960, *L'Enfant et la vie familiale sous l'Ancien Régime*, Plon.（杉山光信・杉山恵美子訳, 1980,『〈子供〉の誕生──アンシァン・レジーム期の子供と家族生活』みすず書房.）

Erikson, E.H., 1959, *Identity and the Life Cycle*, W.W. Norton & Company.（西平直・中島由恵訳, 2011,『アイデンティティとライフサイクル』誠信書房.）

──────, 1963, *Childhood and Society, Second Edition*, W.W. Norton & Company, New York.（仁科弥生訳, 1977,『幼児期と社会』Ⅰ・Ⅱ, みすず書房.）

──────ed., 1963, *Youth: Change and Challenge*, Basic Books.（栗原彬監訳, 1971,『青年の挑戦』北望社.）

──────, 1968, *Identity: Youth and Crisis*, W.W. Norton & Company, New York.（岩瀬庸理訳, 1969,『主体性──青年と危機』北望社.）

Foucault, M., 1975, *Surveiller et Punir: Naissance de la prison, Gallimard.*（田村俶訳, 1977,『監獄の誕生──監視と処罰』新潮社.）

Gillis, J.R., 1981, *Youth and History: Tradition and Change in European Age Relations, 1770-Present*, Expanded Student Edition.（北本正章訳, 1985,『〈若者〉の社会史──ヨーロッパにおける家族と年齢集団の変貌』新曜社.）

Keniston, K., 1963, "Social Change and Youth in America," Erikson, E.H. ed., *Youth: Change and Challenge*, Basic Books.（尾鍋真知子訳, 1971,「アメリカの社会変動と青年」『青年の挑戦』北望社.）

Keniston, K., 1971, *Youth and Dissent: The Rise of a New Opposition*, Harcourt Brace Jovanovich, New York.（高田昭彦他訳, 1977,『青年の異議申し立て』東京創元社.）

McLuhan, M., 1964, *Understanding Media: The Extensions of Man*, McGraw-Hill; Routledge and Kegan Paul.（栗原裕他訳, 1987,『メディア論──人間の拡張の諸相』みすず書房.）

Putnam, R. D., 2000, *Bowling alone : The collapse and revival of American community*, New York : Simon & Schuster.（柴内康文訳, 2006,『孤独なボウリング──米国コミュニティの崩壊と再生』柏書房.）

Rousseau, J.J., 1762, *Émile ou De l'éducation.*（長尾十三二他訳, 1967-1969,『エミール (1~3)』明治図書出版.）

第2章

語られる「若者」は存在するのか
——若者論と社会調査

小寺敦之 *Kotera Atsushi*

1　若者論と社会調査

語られてきた若者論・世代論

　若者論が特定の時代の若者の特徴を描き出すものであるとするなら
ば，それはどのようにして証明されるのであろうか。若者だけではな
い。マーケティング分野を中心に語られる世代論も，一定の特徴をも
つ世代が存在することをどのように証明するのであろうか。本章の目
的は，社会調査やそこから生み出されるデータが，若者や世代に付与
される言説を実証しうるのかを検討することである。

　若者論が「大人が暮らす社会」への法的・制度的な新参者を語る言
説であり，世代論が異なる経験をしてきた年齢集団を区別して語る言
説であるとするならば，若者論と世代論は似て非なるものである。し
かし，若者論は世代論としての変容をみせており，世代論の一部を構
成するようになっているという点も理解しておく必要があるだろう。

　多くのレビューが行われているように，若者論は安保闘争や大学紛
争といった異議申し立てを行う青年を理解することを目指して生じた
1970年代の社会学的青年論にルーツをもつ（浅野 2009; 加藤 2014; 小谷
1993）。ただし，ここで議論の対象となっていたのは年齢区分としての
「青年」であった。

　この社会学的青年論には，世代論の要素はそこまで色濃くみられ
ない。しかし，そこにエリクソンに代表される心理学的な発達段階論
に依拠する形で，青年期特有の危機を理解し，秩序に回収しようとす
る精神医学からのアプローチが加わった。青年期とは「アイデンティ
ティ」の構成要素を統合するための「モラトリアム期」であり，青年は
大人になるための社会的・心理的前段階として捉えられたのである。

そして，精神医学者によるインパクトある語りによって「アイデン
ティティ」「モラトリアム」の概念が発達段階論から切り離され，一種
の社会的性格として位置づけられるようになる1970年代後半から，
「自分たち大人」には理解できない「異質な新参者を語る」という構図
が生まれる。年齢的な区切りではなく，新しいメディアや消費文化の
受容者として若者を捉え，世代の特殊性に注目する言説が量産されて
いくのである。1980年代に登場した「新人類」という言葉は，「自分た
ち大人」＝「旧人類」と異なる経験をしている別の集団を語るものと
して認識された例と言えるだろう。若者論が「自分たちの世代」「今の
世代」という文脈で語られるようになり，若者論はつぎの時代の「異
質な新参者を語る」ツールになっていく。「自分たち大人」になる発達
途上の存在ではなく，自分たちとは断絶された異質な集団を語る言説
となっていくのである。

　2000年代から「当事者による反論」とでもいうべき新たな若者論が
登場したことも，若者論を世代論として捉えるべき理由になる。世代
間闘争の様相をみせるこの新たな論争は，それまでの若者論のように
「異質な新参者を語る」のではなく，若い論者が「自分たちを語る」と
いう自己生産的な特徴を有している。そして，同時に，彼らの語りに
は「あなたたちにはわからない私たち」という意味で「世代」という言
葉が多用される。若者論は世代論として語られるのである。

　したがって，若者論を検討するためには，社会学的青年論が有して
いた「年齢としての若者」の視点ではなく，世代間比較という視点を
用いるのが適切であろう。それは「かつて若者だった人たち」をも射
程に入れることを意味する。若者論が本格化した1970年代後半ある
いは1980年代の若者たちはすでに「若者」を卒業しており，「かつて若
者だった人たち」という区分で現在の生活を送っているが，「かつて若

者だった人たち」の意識や行動様式が特殊である（あった）ことを証明するのも大切な検証作業になると思われるのである。

実証的データを用いた検証を

しかしながら，若者論にせよ世代論にせよ，言説のターゲットとなる集団が実際にそのような性格を有している（有していた）のか，あるいは他の集団とは異なる行動様式を有している（有していた）のかについての実証的な検証はほとんど行われていない。現在の若者だけではなく，「かつて若者だった人たち」に貼られたラベルを検証する作業もみられない。何を根拠にそのような言説が生み出されたのか，その言説は妥当なのかといった社会科学のプロセスを欠いたままに無責任な言説の消費が繰り返されているのである。

もちろん，これは若者を対象とした実証的調査が行われてこなかったことを意味するものではない。「青年調査」「若者調査」と呼ばれるものは，1960年代以降，数多く生み出されてきた。1970年から5回にわたり実施された「青少年の連帯感などに関する調査」や，1973年から8回にわたって実施されている「世界青年意識調査」を含め，官公庁では子どもや青少年を対象とした大規模な調査が毎年のように行われており，見田（1968）の「全国青壮年意識調査」をはじめ，研究者による調査も早い段階から試みられてきた。

だが，これらの実態調査をもとに若者論や世代論が展開されるわけでも，また逆に若者論や世代論が実態調査のなかで検証されることもなかった。ひとつには，青年・若者を対象とした初期の調査は，青年・若者の「問題」を評論することに用いられてきた側面があげられよう。岩佐（1993）も1970年代の青年論を念頭に，アカデミズムの側が実証的データを理論構築に活かすことを怠ったと指摘しているが，これら

の調査は人間の心理や社会構造といった大きな学術的問いから眼前の青年・若者を切り離してしまった。若者の全体像を捉えようとする社会学的なアプローチが理論構築や仮説の検証といった本来の役割を果たさなかったことで，後のセンセーショナルな若者論の産出と隆盛に与した側面が否めないのである。

　若者論や世代論に実証的なアプローチが組み込まれるのは，若者のメディア利用（特にモバイルメディアの利用）に関する調査が盛んになる1990年代後半からである。富田・藤村（1999）らに代表される社会学的な若者文化研究，「フリッパー志向」（辻 1999）や「選択的人間関係」（松田 2000），そして「多元的自己」（浅野 1999; 岩田 2006）などのアイディアは，若者のアイデンティティや人間関係に関心を置いているという点では初期の青年論の系譜を引き継いでいるが，同時に調査結果に社会学的な解釈を加えるという点で革新的な取り組みであったといえよう。

　さらに，2000年代以降の新たな若者論で実証的データが引用される傾向が多々みられることにもふれておきたい。すなわち，「ロスジェネ」に代表される「不遇の世代」からの「大人はそう言っているが実際はそうではない」という反論材料として，データを用いた論考がたびたび登場するようになっているのである（たとえば，古市 2011; 古谷 2014; 後藤 2008）。

　しかしながら，現代社会の若者の諸相を捉えようとする努力であることは十二分に認めつつも，これらの研究や論考で用いられるデータが若者の特徴や世代の特徴を浮き彫りにしているとは言い難い。残念ながら，こうしたデータを用いた語りが，新たな若者論の産出を促している側面もある。本章では，この点を中心に，社会調査にもとづく若者論・世代論の限界と可能性について考えたい。

若者論・世代論は，実証的データを用いた一般化を目指すものではないという意見もあるだろう。全体的傾向をもって語る限界はあるだろうし，典型的な現象に注目する意義，事例研究や定性調査の価値を否定するつもりもない。しかし，センセーショナルな若者論・世代論が，誤ったラベルを作り出し，社会をミスリードしていく危険性をはらむことは十分に理解しておくべきであろうと考える。岩佐（1993）も，1970年代の実証研究ではなく，先端的で典型的な特徴を過度にデフォルメしたスタイルのみが1980年代の若者論に引き継がれていった点を指摘しているが，若者論はそのインパクトから「特定の世代の特徴」として一般化されて語られる傾向がある。そうであれば，やはり社会調査はこれをていねいに検証する役目を担っていると思われるのである。

2　特定の世代を分析するということ

年齢効果・時代効果・コーホート効果

　若者論・世代論が，特定の時代の若者の特徴や異なる経験をしてきた年齢集団の特徴について論じるものであるとするならば，該当集団だけが特徴的な志向性を有していることを示す必要がある。しかし，この作業は容易なものではない。そして，ここにこそ若者論や世代論を実証的研究の俎上に載せる難しさがある。

　特定の世代だけが特徴的であると論じる根拠となりえるデータとはどのようなものだろうか。まず必要なのは，他の時代の同じ年齢層との比較である。つまり，若者についていえば「昔の若者はそうではなかった」ということを示す必要がある。

　具体的な例をみてみよう。表1は，統計数理研究所が1953年から

5年ごとに行っている「日本人の国民性調査」における質問項目「物事の『スジを通すこと』に重点をおく人と，物事を『まるくおさめること』に重点をおく人では，どちらがあなたの好きな“ひとがら”ですか？」に対して，「『スジを通すこと』に重点をおく」と回答した人の割合を示したものである。「日本人の国民性調査」については，統計数理研究所のウェブサイトで集計表示が可能であり，ここでもそれをもとに作表している。同調査は5年ごとに行われているが，公開されている年齢層は10歳区切りになっているため，表1では2013年からさかのぼる形で10年ごとのデータを抜き出している。

　表は，行が調査年，列が回答者の年齢層を示しているが，たとえば2013年のデータ（点線のかこみ）のみをみれば，「若い人のほうが『スジを通すこと』を肯定している」と読むことができるだろう。この解釈は正しい。しかし，それをもって「最近の若者は（昔にくらべて）調和を重視しない」と解釈するのは誤りである。なぜなら，20歳代のデータ（実線のかこみ）をみると，過去の調査でもつねに20歳代は高い数値を示しており，今も昔も「若い人のほうが『スジを通すこと』を重視している」からである。

　つまり，一見，年齢層による回答傾向の違いがあったとしても，それは年齢（加齢）による意識の変化によるものであり，今の若者だけが特徴的な志向性を有しているのではないというわけである。これを一般的に「年齢効果（加齢効果）」と呼ぶが，年齢による意識や行動の変化といった要因を無視すると，誤った結論が導かれる危険性がきわめて高い。

　同じく「日本人の国民性調査」から別の例をみてみよう。表2は，「あなたは，自分が正しいと思えば世のしきたりに反しても，それをおし通すべきだと思いますか，それとも世間のしきたりに，従った方が

表1 「スジを通すこと」が好き（％）

調査年	20 歳代	30 歳代	40 歳代	50 歳代	60 歳代	70 歳〜
1983	50%	51%	45%	40%	42%	31%
1993	49%	46%	34%	36%	33%	29%
2003	46%	49%	45%	38%	43%	34%
2013	56%	49%	44%	43%	38%	36%

（統計数理研究所「日本人の国民性調査」をもとに作成）

表2 自分が正しいと思えば「おし通すべき」（％）

調査年	20 歳代	30 歳代	40 歳代	50 歳代	60 歳代	70 歳〜
1953	46%	43%	41%	35%	28%	27%
1963	42%	42%	40%	34%	37%	38%
1973	41%	36%	32%	37%	37%	29%
1983	29%	25%	30%	30%	33%	34%
1993	30%	25%	23%	26%	28%	28%
2003	26%	16%	13%	24%	24%	26%
2013	19%	15%	22%	20%	19%	25%

（統計数理研究所「日本人の国民性調査」をもとに作成）

まちがいないと思いますか？」という質問に対して，「おし通すべきだと思う」と回答した人の割合を示したものである。

　20歳代のデータ（実線のかこみ）をみると，「おし通すべきだと思う」の回答割合が減少傾向にあることがわかる。つまり，世の中のしきたりよりも自分の正しさを主張するべきという傾向が年々弱まっているとみることができる。しかし，ここから「最近の若者は周囲に合わせる傾向がある」といった解釈を導くのも誤りである。なぜなら，2013年のデータ（点線のかこみ）をみると，ほぼすべての年齢層で同じような割合が示されているからである。

　さらに，この傾向は20歳代だけに限るものではない。他の年齢層でも同様に，自分の正しさを主張するべきという傾向が年々弱まっている。つまり，これは若者だけの現象ではなく，日本人全体の意識が同じベクトルで変化していることを示している。社会変化が日本人全体の意識変化を生じさせていると考えられるわけである。これは一般的に「時代効果」と呼ばれるものであり，同じくこれを無視すると誤った結論が導かれる危険性が高い。

　以上の点をふまえると，特定の世代の特徴について論じるのであれば，データは縦でも横でもなく，斜めに特徴的な傾向が示される必要があるといえる。表2でいえば，1953年調査で20歳代だった集団は，1963年調査で30歳代，1973年調査で40歳代，1983年調査で50歳代になる。右下に向かう斜めの数値の変化がその世代の変化であり，これを他の世代と比較して読む必要がある。若者論や世代論で語られるような特定の世代の特徴が存在するのであれば，年齢や時代によって変化しない，特徴的な数値が斜めにあらわれるはずなのである。

　いわゆる「世代」と呼ばれるこの集団のことを，社会学では「コーホート（cohort）」と呼ぶ。コーホートとは，古代ローマの小軍隊に起源

をもつ言葉で，同じ環境で生育した集団を指し，人口学の分野では，同じ時代に生まれ育った人々を指す言葉として用いられる（一般的にはこれは「出生コーホート」と呼ばれる）。つまり，世代論を成立させるためには「特定のコーホートが特徴的であること」を証明すること，つまり「コーホート効果」の存在を証明する必要があるといえる。

「日本人の国民性調査」には，これに該当すると思われる項目も存在する。表3は「小学校に行っているくらいの子供をそだてるのに，『小さいときから，お金は人にとって，いちばん大切なものだと教えるのがよい』という意見に賛成か」という質問に対して，「賛成」と回答した人の割合を示したものである。

2013年の行をみると，60歳代と70歳以上の年齢層が高い数値を示しており，年齢による影響が生じているようにみえる。同時に，20歳代の時系列データ（20歳代の列）をみると，1953年と1963年の調査の数値が際立って高いこともわかる。

では，コーホートの数値変化を追っていくとどうなるだろうか。1953年調査で20歳代だった集団（1924〜1933年生まれ）は，1963年調査では30歳代，1973年調査では40歳代となっていく。1963年調査で20歳代だった集団（1934〜1943年生まれ）は，1973年調査では30歳代，1983年調査では40歳代となる。この見方をすれば，各コーホートは，多少の増減はあるものの，近似した値で推移していること，そしてこの両コーホートを境に意識変化が生じているということがわかる。つまり，後続のコーホートとくらべ，この2つのコーホート以前は「お金は人にとって，いちばん大切なものだと教えるのがよい」と考える傾向にあると考えることができるのである。ここで初めて，人々の意識に影響を及ぼした要因についての検討が「理に適った状態で」可能になるといえる。

表 3 「お金がいちばん大切だ」と教える（％）

調査年	20 歳代	30 歳代	40 歳代	50 歳代	60 歳代	70 歳〜
1953	62%	61%	64%	72%	76%	79%
1963	49%	57%	63%	70%	69%	66%
1973	29%	42%	46%	54%	55%	64%
1983	22%	33%	45%	53%	61%	65%
1993	20%	21%	27%	47%	57%	50%
2003	23%	15%	15%	32%	41%	55%
2013	21%	24%	20%	25%	36%	49%

（統計数理研究所「日本人の国民性調査」をもとに作成）

しかしながら，これまで行われてきた数々の調査をみてみると，こうした検証が不可能なものばかりであることがわかる。たとえば，「青年調査」「若者調査」の多くが，若者のみを対象とした調査で若者を語るという構図になっており，他の年齢層との比較ができていない。若者が他の年齢層と異なる傾向を示していなければ，それは「若者」の特徴を語る材料にはなりえないのである。さらに，幅広い年齢層を対象とした調査であっても，１地点の調査では，年齢による意識や行動の変化，あるいは社会の変化に合わせた人々の意識や行動の変化については捉えることができない。その時代の若者が他の時代の若者と異なることを示していなければ，それはやはり「その時代の若者」の特徴を語る材料になりえないのである。

　「日本人の国民性調査」からも推察できるように，「特定のコーホートが特徴的であること」を明らかにするためには，先述したコーホート表を作成できるような調査，すなわち幅広い年齢層を対象とした，同じ質問項目を用いた時系列調査が必要となる。しかし，こうした調査を実施することには多くの困難をともなう。そして，社会調査に携わる者は必ずしも理解がないのではなく，この困難の壁に阻まれていることでコーホート効果を視野に入れた研究に臨めないのである。

　最も大きな困難は，莫大な調査費用と安定した調査主体が必要であるということである。適切なサンプリングをへた幅広い年齢層を対象とした調査の実施は，研究者個人では捻出不可能な莫大な費用が必要であり，またそれを継続的に実施する組織的な体制も不可欠となる。加えて，数十年単位で同じ調査方法，同じ質問項目を用いるためには，高い先見性をもった調査設計も求められる。継続的調査を前提に入念に準備され，それを維持する強固な調査主体とバックアップ体制が敷かれないかぎり，「特定のコーホートが特徴的であること」を証明する

ことはできないというわけである。

　このような問題意識のもと，2000年代に入ってから長期的視点を入れた調査が複数立ち上がっていることは歓迎すべきことではある。これらの挑戦が今後の社会分析に大きく寄与することはまちがいないだろう。だが，2000年以前から実施されている調査となると，日本においては，内閣府（旧・総理府）が実施する「国民生活に関する世論調査」「社会意識に関する世論調査」，先述した統計数理研究所の「日本人の国民性調査」，そして1973年から行われているNHK放送文化研究所の「日本人の意識調査」があげられる程度であり，利用できるデータもこれらに限られる。ただし，先述したように「日本人の国民性調査」は統計数理研究所のウェブサイトで集計結果を見ることができ，「国民生活に関する世論調査」「社会意識に関する世論調査」も内閣府のウェブサイトで集計結果が公開されている。さらに，「日本人の意識調査」は，SSJDA（Social Science Japan Data Archive／東京大学社会科学研究所附属社会調査・データアーカイブ研究センター）でデータ提供がなされており，限られた項目ではあるものの，日本人の意識変化とその要因についての二次分析にも活用されている（たとえば，太郎丸 2016）。

　これらの調査は，若者論や世代論に類する言説を直接的に調べることを目的としたものではない。しかし，若者論や世代論に関連する項目がまったく存在しないというわけでもない。そこで，以下では，これら公開データを用いて，若者論や世代論の言説がどこまで有効なのか，年齢効果・時代効果とは一線を画したコーホート効果が存在するのかという検討を試みたい。

若者は右傾化した？
　まず，2000年代初頭に広がった若者の右傾化についての言説を検

討しよう。若者の右傾化は，2020年の日韓サッカーW杯以降に顕在化してきたと言われ，安倍政権への高い支持が若者にみられたこと，「ネット保守」や「ネット右翼」という言葉が広まったことなどを根拠に指摘されてきた。

　上述したNHK放送文化研究所の「日本人の意識調査」には「日本人は，他の国民に比べて，きわめてすぐれた素質をもっている」という質問項目がある。必ずしもこの質問は右傾化とイコールではないが，民族主義的な特徴が指摘される昨今の右傾化言説のひとつの側面とみることは必ずしも的外れではないだろう。

　表4は，この質問項目に「そう思う」と答えた人の割合を，調査年・年齢層別にまとめたものである。「日本人の意識調査」は5年ごとに実施されており，年齢層も5歳刻みでデータが収集されているが，コーホート数が多くなり図表が複雑になるので，ここでは10歳刻みで分析することとした。それゆえ表4は10年間隔での調査データを抜粋したものとなっている。そして，6つのコーホートの回答割合を，調査年を横軸としてプロットしたものが下図左，年齢を横軸としてプロットしたものが下図右である（第1回調査で40歳代〔1924〜1933年生まれ〕にあたるコーホートより古いものは図では省略した）。

　まず「日本人は，他の国民に比べて，きわめてすぐれた素質をもっている」と考える若者が，第7回（2003年）から第9回（2013年）に急増していることが上表から確認できよう。こうした考えが若者に増えていること自体はまちがいではない。

　しかし，この急増は，20歳代に限ったものではないことも見落とすべきではない。すべての年齢層でみられる現象なのである。加えて，「日本人は，他の国民に比べて，きわめてすぐれた素質をもっている」と考えるのは，若者ではなくむしろ年配層に多いということもわか

表4　日本人は他よりすぐれた素質（%）

調査回	20歳代	30歳代	40歳代	50歳代	60歳代	70歳以上
第1回（1973）	55.9%	59.7%	65.6%	65.5%	64.8%	61.5%
第3回（1983）	62.6%	70.3%	76.3%	75.9%	74.2%	72.0%
第5回（1993）	44.5%	50.4%	60.3%	65.0%	67.1%	65.2%
第7回（2003）	35.2%	38.9%	48.6%	59.2%	63.0%	61.0%
第9回（2013）	53.0%	53.8%	67.3%	72.0%	70.7%	76.2%

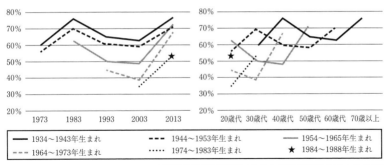

（NHK放送文化研究所「日本人の意識調査」をもとに作成）

る。これは第1回（1973年）〜第9回（2013年）まで変わらない。これは，もしこの質問項目を右傾化と関連するものと仮定するならば，その意識は若者よりも年配層に強いということを意味しており，若者の右傾化言説は明らかなミスリードということになる。

　さらに，コーホート別にプロットした下図左をみると，この数値変化は明らかな時代効果を示している。どのコーホートも同じような折れ線を描いており，第3回（1983年）から第7回（2003年）にかけて減退していくが，第9回（2013年）に急増しているのである。つまり，「日本人は，他の国民に比べて，きわめてすぐれた素質をもっている」という意識の変化は社会全体に影響をおよぼす別の要因が強く関係していると考えられるのであって，最近の若者にのみ当てはまるものではないということになる。

今の若者は幸せ？

　若者を不幸な存在として描いてきた言説に対するアンチテーゼとして古市（2011）が提唱した「幸福な若者論」についてもみていこう。「幸福な若者論」は，今の若者は他の年齢層よりも，そしてこれまでの若者よりも幸せと感じる度合いが高いというもので，古市の意図に反する形で新たな若者論として認知されていった。古市や彼が参照している豊泉（2010）の議論は，内閣府「国民生活に関する世論調査」のデータをもとにしており，正確には「現在の生活に対する満足度」という質問に対する「満足している」と「まあ満足している」の回答を足し合わせた数字が用いられている。「生活に対する満足度」を「幸福」と読み替えるのは乱暴にも感じるが，ここではその議論は留保しておく。

　表5は，年齢層別のデータが公開されている1975年を起点に10年ごとのデータを用いたものである。同調査はほぼ毎年実施されている

が，ここでは10歳刻みで比較するという観点から10年ごとのデータを抽出した。そして，8つのコーホートの回答割合を，調査年を横軸としてプロットしたものが下図左，年齢を横軸としてプロットしたものが下図右である（図では古いコーホートは省略してある）。

　古市らの議論は2010年のデータをもとに展開されているが，2015年調査においても20歳代の満足度は他の年齢層よりも，そしてこれまでの20歳代よりも高い。この点については，古市らの指摘はまちがいではない。

　しかし，重要なのは，これも20歳代に限った現象ではないという点である。2015年調査で「満足」と答えた割合はどの年齢層においても高い。左下図を見ると，2005年調査からすべての年齢層で右肩上がりとなっており，これが若者だけの傾向ではないということがわかる。同時に，古市らの議論で抜け落ちているのは，2000年代の落ち込みであり，それが近年は1990年代の水準に戻っているという変化である。もちろん，20歳代，30歳代の数値が他よりも高いという点は無視できず，これをコーホート効果と考える余地は残されているが，すべてのコーホートで同じような変化が起きているということは，時代効果の存在を示しており，若者だけを抽出して「若者は幸福だ」という議論は短絡的であるといえよう。むしろ「生活に対する満足度」が何によってもたらされているのか，どのような要因と連動しているのかをていねいに分析することが求められるのである。

若者は外向き志向に？

　古市（2011）は，若者の外向き・内向き志向についても言及している。曰く，最近の若者はけっして内向きなのではなく，むしろ外向き志向が強いという。彼が用いているのは，内閣府「社会意識に関する世論

表5　現在の生活に対する満足（％）

調査年	20 歳代	30 歳代	40 歳代	50 歳代	60 歳代	70 歳以上
1975	61.4%	57.2%	56.4%	63.5%	65.4%	67.2%
1985	70.3%	68.0%	67.0%	72.3%	74.3%	79.3%
1995	75.9%	71.9%	69.7%	69.0%	75.9%	79.4%
2005	69.3%	56.9%	55.3%	54.2%	59.2%	67.0%
2015	79.2%	72.8%	67.1%	66.6%	69.2%	71.4%

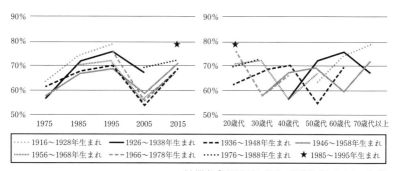

（内閣府「国民生活に関する世論調査」をもとに作成）

調査」における「国や社会のことにもっと目を向けるべき」か「個人生活の充実を重視すべき」かという質問項目である。社会志向・個人志向を外向き志向・内向き志向の指標とする妥当性については留保するが，個人志向ではなく社会志向が高まっているという解釈は妥当であろうか。

　表6は，「国や社会のことにもっと目を向けるべき」と回答した人の割合を，1975年を起点に10年ごとにまとめたものである（以下，図についての説明は省略する）。古市が指摘するように，20歳代の数値変化だけをみると，「国や社会のことにもっと目を向けるべき」という回答の増加，すなわち社会志向の高まりが認められる。だが，ここでも上述した「満足度」と同じ状況が生じている。つまり，社会志向の高まりは，けっして若者だけではないのである。左下図を見ると，どの年齢層のアップダウンも同様に生じており，これをもって若者のデータだけを強調するのは不適切であるといえよう。

　留意点はほかにもある。表7は，もうひとつの選択肢「個人生活の充実を重視すべき」，すなわち個人志向の変化を示したものであるが，社会志向の高まりに反比例して個人志向が減少しているというわけではないのである。むしろ，個人志向性も漸増傾向にある。なぜこのような現象が生じるのか。それは，この質問項目には「一概にいえない」「わからない」という選択肢があるからである。調査初期には「一概にいえない」「わからない」の回答割合が30〜40%の時期があったが，近年は10%程度になっている。これが「国や社会のことにもっと目を向けるべき」と「個人生活の充実を重視すべき」の割合に影響を及ぼしているというわけである。

　確かに，社会志向の増加幅は高いかもしれないが，それは個人志向から社会志向へという明確な意識変化が生じていることを意味するも

表6　社会志向（国や社会のことにもっと目を向けるべき）（%）

調査年	20歳代	30歳代	40歳代	50歳代	60歳代	70歳以上
1975	38.1%	39.5%	41.9%	43.8%	41.9%	40.0%
1985	26.2%	31.5%	33.2%	38.1%	35.3%	31.9%
1995	42.6%	47.9%	49.0%	52.1%	47.9%	39.0%
2005	40.3%	45.1%	46.6%	47.4%	48.2%	42.8%
2015	49.3%	48.8%	46.2%	49.6%	47.3%	47.2%

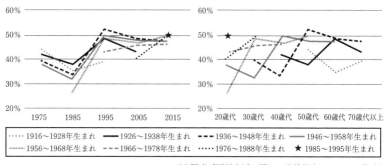

（内閣府「国民生活に関する世論調査」をもとに作成）

表 7 　個人志向（個人生活の充実を重視すべき）（％）

調査年	20 歳代	30 歳代	40 歳代	50 歳代	60 歳代	70 歳以上
1975	32.1%	30.3%	27.6%	23.9%	19.8%	14.4%
1985	35.9%	32.8%	29.3%	27.9%	24.3%	18.6%
1995	41.6%	35.3%	31.2%	30.2%	31.4%	33.1%
2005	33.9%	33.6%	31.8%	32.8%	29.4%	29.2%
2015	43.6%	42.4%	44.2%	41.5%	40.7%	37.1%

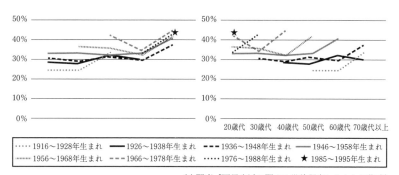

（内閣府「国民生活に関する世論調査」をもとに作成）

のではない。むしろ,「一概にいえない」「わからない」の減少は,回答が二極化していることを示唆している。そうであれば,個人志向・社会志向の分岐を促す別の要因が大きな役割を果たしている可能性があり,たんに社会志向が増えているという解釈は適当ではないといえる。

消費に消極的な若者？

　世代論では,消費マインドについて言及されることも多い。典型的なのは,消費に積極的であった以前の世代にくらべると,就職氷河期を経験した世代以降は消費に消極的であるというものである（たとえば,山本 2012)。では,これら世代間の消費マインドは大きく異なるのだろうか。ここでは,実際の消費実態ではなく,消費に対する意識をみてみたい。

　内閣府「国民生活に関する世論調査」には,「今後の生活において,貯蓄や投資など将来に備えることに力を入れたいと思うか,それとも毎日の生活を充実させて楽しむことに力を入れたいと思うか」を尋ねる項目がある。やや強引ではあるが,選択肢が対になっていることから「貯蓄や投資など将来に備える」の反対側である「毎日の生活を充実させて楽しむ」を積極的な消費意識の指標と仮定してみよう。

　表8は「毎日の生活を充実させて楽しむ」を選んだ人の割合を示したものであるが,下図右からもわかるように,この回答には年齢が大きく影響している。紙幅の都合で省略するが「貯蓄や投資など将来に備える」は「充実させて楽しむ」とおおむね逆の傾向を示している。つまり,30歳代〜40歳代は「貯蓄や投資など将来に備える」傾向が強いのに対して,それ以降は「毎日の生活を充実させて楽しむ」という傾向がどのコーホートにも共通してみられるというわけである。消費

表8　今後の生活（毎日の生活を充実させて楽しむ）（%）

調査年	20 歳代	30 歳代	40 歳代	50 歳代	60 歳代	70 歳以上
1975	43.7%	36.2%	35.8%	41.5%	46.8%	51.1%
1985	36.7%	33.3%	35.3%	44.1%	56.5%	57.5%
1995	44.3%	36.2%	41.1%	48.8%	67.0%	71.4%
2005	42.3%	35.9%	41.1%	49.9%	67.7%	75.7%
2015	40.4%	38.5%	38.2%	50.6%	75.4%	82.3%

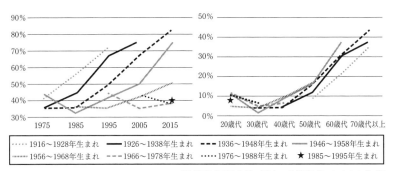

（内閣府「国民生活に関する世論調査」をもとに作成）

に旺盛と言われていた世代であっても，消費に消極的とされる世代であっても，この意識に大きな差はないのである。

　このような結果が生じる背景として考えられるのは，消費マインドそのものは年齢の影響を受けるが，実際に消費行動に移るか否かは社会状況・経済状況によるところが大きいという可能性である。あるいは，若者の消費意欲の低下を指摘するのは「毎日の生活を充実させて楽しむ」ことに重きを置きはじめた年齢の人たちであるという点もあるかもしれない。「若者の○○離れ」という言説は，たんに「○○」を生活の軸と考える側の言葉であり，実際にはそれ以外に消費対象が向けられているということもありうる。いずれにせよ，この質問項目からは，消費マインドの世代間の違いは見出せないのである。

　以上，かなり粗雑ではあるが，若者論・世代論の言説に関連すると思われる社会調査データを用いた検証を試みた。本章で示した図表は，いずれも1970年代以降の調査結果であり，残年ながらそれ以前との比較はできていない。世代論で重要な1960〜70年代の若者がどのようなものであったのかについて，その前の若者との比較ができないのである。

　同時に，これらの事例は一連の若者論・世代論を否定するデータが存在していることを意味するものではない。支持するに足るデータが存在しないことを意味しているに過ぎないのである。しかし，それでも一部の若者論・世代論については，その言説が必ずしも妥当ではないこと，ミスリードを生じさせている可能性があることを示すことができたのではないだろうか。

　なお，上述の試行は，コーホート表やグラフから数値変化を読み解くという最も基本的な作業に止まっている。表やグラフを読むというのはデータ解釈において重要な作業ではあるものの，若者論や世代論

の言説をていねいに読み解き，該当するコーホートが果たして言説どおりの志向性を有しているのかについては，統計分析の手法を用いて検証していくことも可能である。精緻な仮説やモデルを必要とするなどの難しさはあるが，一般化線形モデルや要因分析法など，年齢・時代・コーホートを分解して効果の有無を明らかにする統計学的な手法もいくつか開発されており，人々の意識の変化について正しく理解する手法は今後も増えていくものと思われる。

3　若者論・世代論を語る前に……

発達課題とライフステージ

　本章で例示したように，時代・年齢・コーホートを区分して考えると，若者論・世代論の言説には別の景色がみえてくる。最後に，世代の特徴を語る前に考えるべき年齢効果・時代効果の諸相について考えてみたい。

　初期の若者論が，エリクソン（1959=2011）が青年期の特徴とした「アイデンティティの拡散」に着目し，子どもから大人への移行期における危うい存在としてこの年齢層を描くことで形成されてきたことについてはいく度となく指摘されてきた（岩佐 1993; 片瀬 1993）。若者論は「青年期」だけを特異な存在として都合よく解釈してきたきらいがあるが，本来の発達段階論は，誕生から死までのライフサイクルを一連の発達段階と捉え，それぞれのステージに課せられた危機（心理社会的危機）とその克服によって成長する人間像を提起したものである。

　若者論の文脈ではほとんど引用されないが，同じく発達に関する理論としては，ハヴィガースト（1953=1995）の発達課題の概念がある。すなわち，人間には各発達段階における異なる課題があり，それを遂

行することで当該社会の一員として成長するというものである。エリクソンやハヴィガーストの理論に共通するのは，人間は発達段階によって「やるべきこと」に変化が生じるという点である。

　たとえば，ハヴィガーストは，良好な友人関係を構築し，自分と社会のつながりを模索することを青年期の発達課題としている。他の年齢層と比較して，最も友人関係に敏感になるのがこの年齢層なのである。そうであれば，友人関係が生活の中心に置かれることは至極当然であり，自分にとってより良い人間関係を構築・維持するためにメディアを駆使することも，至極妥当な選択肢となる。スマートフォンやSNSでの交流も，より良い人間関係を構築・維持するための手段として捉えると，自宅からの長電話や交換日記と同じ意味をもっていると捉えることができる。青年期の発達課題への対応は，若者を批判的に語る大人たちがかつて「別のやり方で」やっていたことかもしれないのである。

　もちろん，彼らの発達段階論が当時の社会的価値観を基盤に提起されているように，当該社会によってそれぞれの発達段階での特徴や課題は変わりうるだろう。その意味では，たんなる年齢ではなく，ライフコース，あるいはライフステージの変化が行動様式や意識の変化に結びついていると考えるのが妥当かもしれない。

　ライフステージの変化も人々の意識や行動を変える力をもつ。就職すること，結婚すること，子どもをもつことといった生活の変化は，人々の意識や行動を大きく変化させる。メディアの使い方も同じである。メディアという手段をどのように用いるかは，その人が置かれているライフステージによって変わってくる（井徳 2009, 2012; 小寺 2010）。

　若者論・世代論は，年配者による若者批評の形で語られることが多

い。しかし「今の若者はけしからん」と批判する大人もまた，若い頃には「今の若者はけしからん」と批判されてきたのであり，「大人に自分たちのことは理解できない」と反発する若者もまた，年齢を重ねれば「大人に自分たちのことは理解できない」と反発されるのである。ライフコースにおける意識や行動の変化を冷静に捉えることは，若者論・世代論の解毒剤として機能する可能性を有している。

メディアの多様化

先述したように，一部の年齢層だけをみて「世代の特徴」を判断することはできない。社会の成員すべてに影響している要因が数多く存在すると考えられるからである。バブル期の若者と就職氷河期の若者の比較は，個人の違いではなく社会状況・経済状況の違いから考えるほうが適当であろう。戦争や貧困の経験も人々の価値観の形成に大きな違いを生む可能性がある。

若者論・世代論の文脈では，メディア環境が若者や世代の特徴と結びつけられてきた。「カプセル人間論」「オタク論」ではメディアにかこまれて生活する若者がなかば批判的に論じられてきたし，「フリッパー志向」「選択的人間関係」も携帯電話の普及とともに語られている。もちろん，若者が新しく登場するメディアの旗ふり役になることは少なくない。携帯電話やインターネットの年齢層別利用率の推移をみても，若者が新しいメディアを生活のなかに取り入れることから社会全体への普及が始まった側面がある。

だが，新しいメディアの導入は社会全体に影響をおよぼすものであり，若者に限定して論じられる必然性はどこにもない。もちろん，年齢層が高くなるとメディア利用に影響する要因が増える（複雑になる）という側面はある。「昔のやり方」が染みついている場合は新しい刺

激に対する反応も鈍くなるだろう。しかし，幅広い年齢層で新しいメディアが受け入れられ，社会のインフラとして定着すると，若者論・世代論からもそのメディアは退場する。歴史的にも，1920年代の映画，30年代のラジオ，40〜50年代のテレビ，80年代のビデオゲーム，そして90年代以降のモバイル機器やインターネットという具合に，新しいメディアは「これまでとは違う（危険な）コミュニケーションの形が登場する」「子ども・若者が危ない」というような，社会生活に与える負の影響を強調する言説を引き連れて導入されてきた。若者論・世代論が，時に新しいメディア環境と結びつけられて論じられる背景には，その変化を受け入れられない（否定したい）大人側の都合（恐れ？）が含まれているようにも思われるのである。

　メディアはコミュニケーションの制約から人々を解放するという考え方がある。メディアは物理的・社会的制約のある「窮屈」なコミュニケーションから人間を解放して，本質的なコミュニケーションを露わにする機能を果たすというものである。もちろん，これは「適切な」「理想的な」という意味ではない。コミュニケーションの制約が社会を形作ってきた側面も少なくないからである。しかし，近代社会が，多様な社会状況や人間関係によって流動的な自己形成を促したのであれば，新しいメディアはそれに私たちを適応させる役目を果たしていると考えることもできる。「選択的人間関係」「多元的自己」といった概念は，若者に限定された特殊なコミュニケーションのあり方ではなく，流動的に生きていくことを強いる現代社会におけるコミュニケーションのあり方として捉えたほうが適切かもしれない。

　いずれにせよ，すべての成員に影響する社会変化やそれにかかわる課題を若者や世代の問題として矮小化させるのではなく，それが生み出される原因と構造の解明にこそ光を当てることが，社会科学に求め

られる態度だと思われるのである。

若者・世代を論じる意味

　若者論・世代論はアカデミズムの領域でも曖昧な立ち位置で，しかしながら一定の存在感のもとで展開してきた。小谷 (1993) が指摘するように，ここには舶来理論を振りまわして信頼性を与えてきたアカデミズムに大きな責任がある。同時に，インパクトある記事になりやすい若者論やその論者を過大に評価して言説拡張を促してきたマスメディアの責任も大きいだろう。2000年代以降に増えた若者による異議申し立ても，対抗言説を生み出しているだけで，消費される若者論を生み出す構造に大きな変化はない。

　本章では，「特定の世代の特徴」をデータで語る難しさと，留意すべき点について述べてきた。繰り返しになるが，これは若者論・世代論で語られてきた人々が存在しない（存在しなかった）ことを主張するものではない。むしろ，若者論・世代論といった文脈ではなく，きちんとした社会学的・心理学的課題として取り組むべき課題ではないかという問題提起をしたつもりである。そして，それを担うのは，アカデミズム側にある。アカデミズムには，特定の年齢集団をラベリングするのではなく，人々の行動から見出せる行動様式の意味と要因を的確に捉え，得られた知見を理論化していくといった作業が求められる。そして，それが新旧の社会制度の調整と社会デザインに活かしていくというような目的をもつものになるのであれば，若者や世代を論じることにも一定の意義があると思われるのである。

［謝辞］　執筆にあたり，東京大学社会科学研究所附属社会調査・データアーカイブ研究センター SSJ データアーカイブから「日本人の意識調査1973 〜 2008」「日本人の意識調査2013」（NHK放送文化研究所世論調査部）のデータの提供を受けました。

浅野智彦, 1999,「親密性の新しい形へ」富田英典・藤村正之『みんなぼっちの世界――若者たちの東京・神戸90's・展開編』恒星社厚生閣, 41-57.

―――, 2009,『若者とアイデンティティ』日本図書センター.

井徳正吾, 2009,「ライフステージの変化がメディア行動をどう変えるのか――定年退職がもたらすメディア行動の変化の研究」『宮城大学事業構想学部紀要』12: 1-13.

―――,2012,「『新社会人』と『結婚』というライフステージの変化がメディア行動に及ぼす影響に関する実証研究序説」『文教大学情報学部情報研究』46: 1-15.

岩佐淳一, 1993,「社会学的青年論の視角――1970年代前半期における青年論の射程」小谷敏編『若者論を読む』世界思想社, 6-28.

岩田考, 2006,「多元化する自己のコミュニケーション――動物化とコミュニケーション・サバイバル」岩田考・羽渕一代・菊地裕生・苫米地伸『若者たちのコミュニケーション・サバイバル――親密さのゆくえ』恒星社厚生閣, 3-16.

片瀬一男, 1993,「発達理論の中の青年像――エリクソンとコールバーグの理論を中心に」小谷敏編『若者論を読む』世界思想社, 29-53.

加藤裕康, 2014,「若者論とオタク論の系譜」『現代風俗学研究』15: 3-18.

小谷敏, 1993,『若者論を読む』世界思想社.

小寺敦之, 2010,「若者の携帯電話利用とライフステージ――2005年インタビュー調査と2008年追跡調査」『上智大学コミュニケーション研究』40: 43-56.

後藤和智, 2008,『「若者論」を疑え！』宝島社新書.

太郎丸博, 2016,『後期近代と価値意識の変容――日本人の意識1973-2008』東京大学出版会.

辻大介, 1999,「若者のコミュニケーションの変容と新しいメディア」橋元良明・船津衛編『子ども・青少年とコミュニケーション』北樹出版, 11-27.

富田英典・藤村正之, 1999,『みんなぼっちの世界――若者たちの東京・神戸90's・展開編』恒星社厚生閣.

豊泉周治, 2010,『若者のための社会学――希望の足場をかける』はるか書房.

荘司雅子監訳, 1995,『人間の発達課題と教育』玉川大学出版部.

古市憲寿, 2011,『絶望の国の幸福な若者たち』講談社.

古谷経衡, 2014,『若者は本当に右傾化しているのか』アスペクト.

松田美佐, 2000,「若者の友人関係と携帯電話利用――関係希薄化論から選択的関係論へ」『社会情報学研究』4: 111-122.

見田宗介, 1968,『現代の青年像』講談社現代新書.

山本直人, 2012,『世代論のワナ』新潮選書.

Erikson, E., 1959, *Identity and the Life Cycle*, International University Press, Inc.（西平直・中島由恵訳, 2011,『アイデンティティとライフサイクル』誠信書房.）

Havighurst, R., 1953, *Human Development and Education*, Longmans, Green & Co., INC.（庄司雅子監訳, 1995,『人間の発達段階と教育』玉川大学出版部.）

第 3 章

裏垢女子の「見せる身体」

——自撮りと女性をめぐるメディア研究

山内 萌 *Yamauchi Moe*

1　問題の所在

　特定のハッシュタグをつけて露出の高い姿をした写真を投稿する，という現象がTwitter（現，X〔エックス〕）上で近年見受けられる。初期のものとしては，グラビアアイドルの倉持由香が2014年に始めた「#グラドル自画撮り部」があげられる。グラビアアイドルたちが共通のハッシュタグを使って自撮り写真を投稿することで，団結して拡散させる試みである（倉持 2019）。この場合はグラビアアイドルがおもな参加者だが，参加者を一般ユーザーにまで拡大したのが，コスプレイヤーのうしじまいい肉による「うしじまチャレンジ」である。これはおもに鏡を使いつつ，指や構図などで上手くバストトップなどを隠した画像を撮影するというもので，うしじまと同じコスプレイヤーのみならず，一般の女性も「#うしじまチャレンジ」をつけて投稿をしている。

　グラビアアイドルやコスプレイヤーは自身の身体が見られることを意識した職業ないし趣味だということができるが，本論で特に注目してみたいのが，「裏垢女子」と呼ばれるユーザーである。一般に「裏垢」という単語は表のアカウント，つまり友人や知り合いなどユーザーの正体を知っている人とつながっているアカウントとの対比で使われる。本名や所属を明かさず，日々の愚痴やあまりおおっぴらに言えないことを発信するアカウント，というのが一般的な裏垢のイメージであろう。

　そこから派生して使われているのが裏垢女子という名称であり，性的な写真や発言を投稿するユーザーのことをおもに指す。さらに裏垢女子のなかでもアカウントの傾向はいくつかあるが，大きく分けると

性的関係をもつ相手との出会いを目的としたアカウントと，実際の出会いは求めずにみずからを被写体とした性的な写真を投稿し，外部の販売サイト*1を通じて画像の販売を行っているアカウントの二つに分類できる。本章が取り上げるのはおもに後者のアカウントである。それは，つぎに説明するソーシャルメディア研究におけるジェンダー的観点の導入という学問的課題を検討するにあたって，本事例が有効であると思われるからである。

　性的に過激な自撮り，という表現方法は2010年代以降の，スマートフォンやソーシャルメディアの普及を背景としている。デジタルテクノロジーの発展により，メディアを取り巻く環境は大きく変化した。メディア環境の変化という大きなうねりのなかで，メディア研究のあり方も問い直される必要があるという問題意識のもと，メディア研究におけるジェンダー的観点の必要性を整理したのが田中洋美（2018）である。田中は特に第二波フェミニズムの目指す，法制度や社会構造内における平等がある程度達成された1990年代以降に登場したポストフェミニズムにおいて，ポピュラーカルチャーにおけるジェンダー表象の検討が重要性を増していることに注目する。田中は，ソーシャルメディア上で投稿される自撮りはポピュラーメディアの影響下にあり，女性の外見に関する美的規範の再編と，それに向けて身体をバーチャルに加工する実践であると指摘する。こうした実践について，田中は以下の理由をあげながらジェンダーの視点からみた危機であると指摘する。「新しい身体・美的実践やそこで見られる女性の主体形成の様相は，女性の解放を目指すフェミニズムの主張とは異なるベクトルを持つようにみえるからである。」（田中 2018: 41）

　自撮りが女性の美的基準，つまり何が「かわいい」ないし「美しい」女性なのか，という外見の理想像を女性たちの間で共有し強化すると

いう指摘は，ルッキズムをめぐる議論においてもなされている。高橋幸 (2021) は欧米のセルフィー研究を参照しながら，女性間で美的基準による序列化が行われ，新たな社会的抑圧として外見至上主義が機能する可能性を危惧している。

　上記の議論で想定されているのは一般的な自撮りであるが，同様の問題意識が性的な自撮りにも適応できることはいうまでもない。むしろ，後にみるように，裏垢女子の活動においては投稿へのいいね数やリツイート数，フォロワー数の増加，さらに販売サイトでの画像の売上など，一般ユーザーによる自撮りの投稿以上に数値によるアカウント間の序列化がはっきりと行われている。

　とはいえ，そもそも自撮りと一口にいってもその投稿行為とコミットの仕方には濃淡がある。たとえば友人と出かけた時に撮った自撮りを載せる，というごく一般的な使い方もあれば，Twitter 上にハッシュタグをつけて自撮りを投稿する「自撮り界隈」（佐々木 2022）のユーザーのように，一人で写っている自撮りにさまざまな加工をした画像を投稿する実践も観察できる。自撮り界隈として活動する女性のなかにはコンセプトカフェやメイドカフェの店員，または地下アイドルとして活動しはじめる者も少なくない。ソーシャルメディアに投稿される自撮りをめぐる環境はこのように女性性の商品化と密接に結びつくようになっている。そのなかで裏垢女子という事例は，後にくわしくみるように写真の撮影から投稿までを本人がみずからの手で行う点において，女性がみずからの身体的魅力を客観的にプロデュースして商品化する実践とみなすことができる。これは，女性が自分で自分の女性性をどのように客体化しているのか，という問いの検討につながると同時に，田中がフェミニズム的な危機とみなす「女性の自己性化 (self-sexualization)・自己モノ化 (self-objectification)」（田中 2018: 40）の過程に

おいて女性が何を経験しているのか分析するための最適な事例として位置づけられるのである。

　本章では上記のような問題意識のもと，裏垢女子の事例について検討する。本章の分析が導くのは，ソーシャルメディアによる女性の外見イメージの共有や強化を抑圧とみなすフェミニズム的立場への留保である。あらためて指摘するまでもなく，インターネットおよびスマートフォンの普及は，メディアをめぐる送り手／受け手の境界を曖昧にした。裏垢女子の事例では，先に述べたように本人たちが撮影から投稿にいたるまで主体性を発揮している様子がうかがえる。こうした実践に対しどこまで社会的抑圧を見出すのが適切なのか，十分に検討される必要がある。

　この点に関して，本章では田中東子（2012）によるメディア文化と女性のかかわりをまとめた研究を参照したい。詳細は次節で述べるが，田中は従来のフェミニズム的観点からなされたメディア研究を整理するなかで，メディアの素朴な受け手としてのみ女性を位置づけることの問題を指摘している。そしてサブカルチャーの領域でみられる女性の実践，特にコスプレに着目して，消費者でもあり生産者でもある女性の主体的実践を明らかにしている。

　本章は田中の論点を引き継ぎ，これを特に冒頭であげた性的な自撮りの投稿実践の分析に援用する。ここまでの議論をふまえ，次節以降の流れとあわせて本章の目的をまとめたい。本章では若い女性によるソーシャルメディア上の文化実践として自撮り，なかでも性的な自撮りに着目し，自撮りによる女性の外見イメージの再編やそれへの追随が女性にどのような経験をもたらすのか分析する。そのために，まず次節ではマスメディア主流の時代から現代にいたるまで，具体的には1960年代から2010年代までのメディアを取り巻く社会的変化のなか

で，女性とメディアの関係が社会学的にどのように論じられてきたの
か，駆け足ではあるが概観したい。そのうえで，先ほどあげた田中東
子による第三波フェミニズムをふまえたメディア研究の整理と，それ
を通じて浮上する「生産者としての女性」というアイデアを，第3節以
降での事例分析を行うための手がかりとして参照する。

　第3節では実際に筆者が性的自撮りの投稿者に行ったインタビュー
および撮影から投稿までの参与観察で得られたデータの分析にもとづ
き，考察を行う。ここでなされる指摘を先どりすると，彼女たちの語
りからは「見せる身体」という概念を導き出せる。結論ではこの点に
関して今後の議論での発展を論じることとする。

2　女性とメディア表現の社会学

メディア表象と女性をめぐる研究

　前節で述べたとおり，本章では田中東子による「生産者としての女
性」を裏垢女子の分析に適用する。田中は欧米における第二波フェミ
ニズムから第三波フェミニズムへというパラダイム転換[*2]をメディ
ア研究，ポピュラー文化研究の観点から整理している。

　こうした作業を通じて田中が試みるのは「消費者としての社会的位
置に，もしくは誤った表象の被害者として女性たちの主体性をおく従
来のフェミニスト・メディア論から離脱しようとする」（田中 2012: 57）
ことである。従来のメディア研究においては，メディアを通じた送り
手／受け手間のコミュニケーションという分析モデルが主であった。
この枠組みにおいては送り手の特権性を重視する送り手中心主義に
陥りやすく，その場合「『送り手によって生産される受動的なイメージ
としての女性像』と『そのイメージに反発するフェミニストたち』と

いう硬直した図式のなかに議論が収斂されてしまうしかない」(田中 2012: 103)。田中はここにメディアが伝達するメッセージをテクストとしてとらえることで,受け手のテクスト解読に力点をおく視点を導入する。田中は必ずしも解読が個人の自由にのみもとづくわけではなく,解釈に際して社会的抑圧が働く可能性に留意しながらも,メディアが発するメッセージの解読者という消費者像のなかで女性の消費行動を分析することの重要性を指摘する。

上記が田中の主張であるが,そのなかで田中は,従来の日本のメディア研究の問題点として「『メディアのなかの女性像』という視点だけで分析を行ってきた」ことをあげている。「メディアのなかの女性像」という視点があらわすのは,現実に生きる「実体としての女性」とメディア内で描かれる「虚構としての女性」という二つの女性イメージであり,男性中心のメディアが作りだす後者によって前者が抑圧されるという被害図式の指摘に終始してきたのが従来の研究であった。しかし女性もまたテクストの解読者であるという先程の分析視座をふまえれば,この図式そのものが機能しえないことを田中は指摘している(田中 2012: 116)。

本章は田中の論点を引き継ぐわけだが,そのうえで上記のような田中による先行研究の総括の不十分さを補足しておかねばならない。確かにカルチュラル・スタディーズなどのメディア研究の領域では田中が示す図式がみられたかもしれない。しかし田中が欧米のフェミニズムにおける抵抗としての「少女」概念の重要性を整理するなかで捨象している日本のサブカル批評における少女論においては,メディアを積極的に解読する女性の実践が取り上げられてきたことは見過ごせない。

次項では,おもに日本のサブカルチャー批評の文脈で1990年代に

なされた少女論を取り上げ，メディア表象を解読する消費者としての女性像が展開されていた点を確認したい。

戦後日本の少女メディアと女性の関係

　戦後日本のサブカルチャーについては，宮台真司らによる『サブカルチャー神話解体』([1993]2007) が体系的にまとまった研究としてあげられる。そのなかではサブカルチャーの担い手として「若者」が想定され，若者メディアの分析がなされているが，そのうちの一つに少女メディアが含まれている。ここでは1970年代から1980年代にかけて「かわいい」がどのように社会的な影響をもってきたのか分析がなされている。そこでの議論をきわめて簡潔に要約すれば，「ロマンチック」な表象と結びついた自分探しとしての「かわいい」が，1970年代以降にコミュニケーションツールとして機能するようになったということである。戦前の少女文化から1980年代までの少女メディアの変遷を追ったものなので複雑な議論となっているが，以下説明を試みたい。

　少女メディアの分析にあたってまず導入されている図式は，一言でいえば戦前的な「清く正しく美しく」という〈理想〉から「かわいさ」への志向という変化である。この図式の前提として，教育制度の整備によって労働や性的関係から隔離された社会的存在としての少女イメージがあるが，この従来の少女論に修正が加えられる。まず少女とは社会的存在であるという時，それはただ制度内に囲い込まれているという受動性のみを意味しない。本田和子 ([1982]1992) は囲い込まれる少女のイメージとして「ひらひら」という表現を用いるが，宮台らはさらにそこへ「ヅカヅカ」を付け加える。つまり宝塚の男役のような存在への憧れも少女的なるものには含まれている。そしてこの「ひ

らひら」と「ヅカヅカ」が表裏一体となって，戦前・戦時下における帝国の秩序回復において目指されるべき理想の女性像として「清く正しく美しい」少女像が受容されていたと論じる。

このような秩序回復に組み込まれた少女文化は，戦後にも引き継がれる。しかし1950年代後半から1960年代にかけ，若者サブカルチャーの誕生とともに，性から隔離された「少女」は性的体験を含みこんだ「若者」へと交代してゆく。この時に「清く正しく美しく」に代わって登場するのが「かわいさ」への志向である。それは具体的にいうと，少女漫画を中心とした少女メディアにおいて，性的な身体への肯定的な関心が主題として扱われるようになったことを指し，「『子どものまま性的になること』を宣言する〈若者〉サブカルチャーのマニフェスト」と「かわいさ」が密接していったということである（宮台ほか [1993]2007: 110-111）。

こうした議論をふまえて宮台らがさらに修正を加えるのは，いわゆる「乙女ちっく」と呼ばれる，1970年代に『りぼん』で連載をもっていた陸奥A子，田渕由美子，太刀掛秀子らの作品を代表とする少女漫画群を扱って論じられた大塚英志による消費と少女の関係に関する議論である。大塚（1989, [1991]1995）によれば，「乙女ちっく」作品が提示する異国情緒漂うはかなげな少女イメージが，1970年代以降の少女漫画のなかでその世界を拡大させ，さらに読者である少女自身もさまざまな形で表現手段をもつようになった。1970年代前半以降の，サンリオによるファンシーショップの出店やマクドナルド，サーティワンといったファストフードチェーンの出店などの消費社会化によって，「モノを直接的な使用価値ではなく『かわいい』という記号的価値で売っていくことが可能にな」（大塚 [1991]1995: 30）り，「『少女なるもの』が一気に時代の表層に噴出した」（大塚 [1991]1995: 49）と大塚は述べ

ている。1980年代以降に花開く消費社会化によって消費による自己表現が可能となり，少女の内面の表出がますます可能となっていったのである。と同時に，大塚は女性たちが内面を仮託することのできた「かわいい」ものが，加速度的な消費行為のなかでつぎつぎに否定されていったとも述べている。女性の主流が消費社会のトレンドと結びつきながら目まぐるしく変化していくなかで，女性たちがみずからを重ね合わせて愛好していた「かわいい」ものを「断念」しなければいけない状況があったことを大塚は指摘する。

　大塚の主張は1970年代以降，「清く正しく美しく」的な少女イメージにもとづいた「かわいい」が消費社会のなかで浮上してきたというものであるが，「かわいい」はすでに消滅しており，現実には性的なものを取り込んだ「かわいい」が志向されていた，というのが宮台らの主張である。この時，ヨーロッパ調ないしアメリカ的なロマンチックな意匠に彩られた1970年代の「乙女ちっく」マンガが表象していたのは，「『私だけが分かる〈私〉』のナルシシズム」，すなわち60年代若者サブカルチャーでは体制の崩壊とともに希求された「本当の自分」が，1970年代半ばには性的関係により焦点化して追求される〈私〉だった，というのが宮台らの指摘なのだ。

　さらに重ねて主張されるのは，ロマンチックな「かわいい」と結びついて〈私〉を探求する志向が，1970年代後半から1980年代の新人類文化の登場のなかで急速に性的コミュニケーションと接近したということである。その結果起きたのは，女性同士で共有可能な，「かわいい」を介した共通のコミュニケーション形式の発生であった。このコミュニケーションの特徴は以下のように記述される。「『60年代的サブカルチャー』の時代のような〈我々〉としての内容的な共通性の代わりに，コミュニケーションの形式的な同一性を当てにできるように

なった」（宮台ほか [1993]2007: 126)。そこで機能するのはそれまでのロマンチックではなく，星やハートの記号，まる文字に代表される匿名的で浮遊感覚をともなったキュートな「かわいい」なのである。

　ここまで，自分探しのためのツールからコミュニケーションツールへという「かわいい」の機能変化を駆け足ながら確認した。そこでは時代をとおして，女性メディア上の「かわいい」表象を利用する女性の姿がみられる。「かわいい」を自分探しに使うか，同質的な他者とのコミュニケーションに使うかという時代的変化にあって，田中東子の表現にならえば解読する消費者としての女性はつねに存在していた。

　宮台らの分析は1980年代までしか追っていない。1990年代以降，ポケベルや携帯電話といったモバイル機器の登場によってコミュニケーションツールとしての「かわいい」はますます加速していった。そして2010年代にスマートフォンが普及してからは中高生など若い世代でも個人の情報発信が容易になったことで，「かわいい」はただのコミュニケーションツールを超えて，個人を世界に向けて発信する際の重要な自己表現ツールともなっている。この点は次項で参照する田中の男装コスプレをする女性の事例でも示されているし，2020年代の現象としてはYouTubeやTikTokで人気を集めるインフルエンサーの存在をみれば明らかである。そして後の記述からわかるが，本論が事例とする裏垢女子にもそのような側面がみられるのである。

「文化の生産者としての女性」

　本節では田中東子によるメディア表象と女性の関係についての議論を参照し，メディア表象によって抑圧されるだけではなく，むしろ積極的に表象を解読してゆく消費者としての女性像を確認した。さらに，そのような女性像が戦後日本の少女メディアと女性の関係におい

てもみられることを宮台らによるサブカルチャー研究を参照しながら確認した。

　次節での事例分析に移る前に，本節の最後でもう一度田中の議論に戻り，メディア表象と女性の関係について示唆を得るための手がかりを示したい。メディア表象を解読する消費者という女性像が今後のメディア分析において有効であることは田中が指摘するとおりである。しかし田中がその有用性を主張する根拠には，やはりフェミニズムの思想があり，社会的抑圧への抵抗という観点があることは否定できない。この点は田中が生産者としての女性というアイデアを提示する際に扱う，コスプレに参加する女性たちの分析にもあらわれている。

　まず田中が取り上げる事例は，女性コスプレイヤーによる男装コスプレが主であり，女性が男装をするという点に，ジュディス・バトラーが『ジェンダー・トラブル』(1990=1999)で理論化したパフォーマティヴィティ論における，ジェンダーカテゴリーを攪乱するパロディ的実践を見出している。さらにコスプレという実践において家庭科的な技術やメイク，ファッションが活用される点も田中は注目する。つまりコスプレとは服飾に関する趣味であるから，そこでは衣装作成などの服飾技術が必要とされることもある。またもちろん二次元のキャラクターを再現するうえで，メイクのテクニックも必要になってくる。これらの，第二波フェミニズムで女性を抑圧するとされてきた「『女性的である』とされる技術を駆使して」(田中 2012: 247)男装というパフォーマティヴな実践が行われている点に，はからずも女性性への抵抗的行為となりうる可能性を田中は見出すのである。

　さらにこのような実践がインターネットの普及に後押しされることで，個人によるコスプレ写真の発信や共有が行われているのであり，これを田中は「自分自身の『世界観の提示』であり，文化を生産するひ

とつの手段」（田中 2012: 257）と位置づけている。そしてこの実践者としての女性たちに、「文化の生産者としての女性」を指摘する。

> 「文化の生産者としての女性」というアイディアは、アイデンティティ、セクシュアリティなどの揺らぎと再構築を通じた主体化のプロセスを観察することに通じる。また、ポピュラー文化の消費者から「文化の実践者」へと移行していく女性たちを、このようなアイディアは可視化してくれるかもしれない。（田中 2012: 258）

　消費者と生産者を往復しながらメディア表象をめぐる文化実践にかかわる女性というアイデアは、田中の著作が書かれた2012年から10年をへてスマートフォンやソーシャルメディアが普及した現在ではより有効性を発揮する。そしてジェンダー的観点を取り入れる以上、フェミニズムの枠組を外すことが難しいのは否定しない。しかしすべての女性のメディア表象とのかかわりが抵抗につながる必要はない、という立場に本章は立つ。それはここまで確認したような戦後日本における少女メディアと女性の関係から導くことができる。

　自分探しやコミュニケーションに「かわいい」が使用される時、それはもちろんフェミニズムが理想とするような、女性性への抵抗の実践とは言いがたい。では当の女性たちがメディア上の表象に対して受動的であったと結論づけるのも早急であるのは、田中の議論でも言われていたとおりである。そうしていまやスマートフォンやソーシャルメディアを駆使して、女性たちは「かわいい」を自己表現ツールとして活用している。それはまさに田中のいう「文化の生産者としての女性」なのである。そして本章が取り上げる裏垢女子たちもまた、性的

な自撮りを「かわいい」意匠で彩りながら，みずからの身体を呈示する。次節では具体的に裏垢女子へのインタビューや撮影の様子を紹介しながら，彼女たちがどのように文化の再生産に参加しているのか検討してゆく。

3　裏垢女子の身体

分析対象と方法

　裏垢女子の定義が明確にあるわけではないが，本章ではさしあたり「ソーシャルメディア上で自身の性的画像をアップしているアカウント」と定義づけておきたい。さらにソーシャルメディアのなかでもTwitter上で活動しているアカウントに本章では注目する。というのも，InstagramやTikTokはサービス運営側による監視が厳しく，性的なコンテンツと判断された画像ないし動画はすぐに削除されてしまう傾向が強い。それに対し，Twitterでは性的コンテンツはなかば野放しにされ，数カ月から半年に一度，不適切と判断したアカウントを一気に凍結するという処置がとられる。しかしこの「凍結祭り」と呼ばれる処置を免れるアカウントも少なからず存在し，また凍結されても新しくアカウントを作り直せば再開できることから，いたちごっこのような状態となっている。いずれにしろこのような理由からTwitter上では裏垢女子に該当するアカウントが多く観察可能なため，本章ではTwitterアカウントを事例として取り扱う。

　筆者は2020年6月から2021年3月までオンラインでの参与観察を行い，2022年6月から7月に性的自撮りの投稿を行う20代の女性ユーザー5名への個人インタビューを行った。オフラインの参与観察はTwitterでみつけたアカウントおよびそれらのフォロワーをたどり15

アカウントを対象とした。

　また，それらのユーザーのうち一人にコンタクトをとり，知り合いのユーザーを紹介してもらうことでインタビュー調査を行った。個人インタビューを行った5名のうち1名に関しては自撮りを撮影してから投稿するまでの一連の過程を観察する行動観察調査を行った。以降の分析は上記から抜粋したデータにもとづいている。

投稿のきっかけ

　ここではまず，筆者がインタビューを行った対象者が活動を始めるようになったきっかけを紹介する。ここで留意したいのは，あくまでここで示すのは活動のきっかけであり，動機ではないということである。多くの読者は，なぜ若い女性がわざわざ自分の裸をインターネットで公開するのか，という動機部分に関心をもつことと思われる。そして前節で述べたように，裏垢活動が稼げる行為であるとわかれば，金になるからやっているのだと結論づけたり，またはいいね数やリツイート数を気にすることから承認欲求を満たしたいのだろうと考える者もいるだろう。もちろんそのどちらの要素も彼女たちの現在の活動のモチベーションには含まれるが，それらがそのまま裏垢女子を行う動機ないし目的だと断言することはできない。動機は本人たちにとっても曖昧で，さらに以下に記述するように，目的も活動のなかで変化してゆく場合がある。よって，以下に示すのは活動をはじめるきっかけとなった事象であることを念頭において読み進めていただきたい。

　表はインタビュー対象者のおもなきっかけをまとめたものである。このうち，AとBはTwitter上で偶然タイムラインに流れてきた画像を見たことがきっかけである。Aは5年ほど前から裏垢女子として活動しているが，きっかけは「ゲームアカウントで露出系コスプレイヤー

対象者	裏垢歴	おもなきっかけ
A	5年	ゲーム用アカウントでたまたま流れてきた露出系コスプレイヤーを見た
B	4年	美容垢で流れてきたハメ撮り写真を見た
C	2年	ネットで知り合った男友達に裏垢で稼げそうと言われた
D	4年	グラビア系撮影会の参加依頼がきた
E	2年	当時付き合っていた男性との行為に満足できず，別の相手を探そうと思った

の写真が流れてきて，体がすごくきれいだった。自分もできるんじゃねって思った」ことだった。加えて，「当時付き合っていた彼氏へのあてつけ」もあったという。「性欲も人並みにあるしエロいことも好きだから」，楽しくなってそのまま裏垢女子を続けていたが，同時に性的な消費の対象となることに「自傷のような感覚」を覚えてもいた。「今も性的なことが好きな反面，それら全般がなんとなく気持ち悪いとも思っています」とAは語っている。自傷のような感覚は活動を続けるうちにだんだんと薄まり「ただ自分の好きな作品制作とか，お金を作るためという認識が強くなって」，いまにいたる。

　Bは4年ほど前に裏垢活動をはじめるが，途中2年ほど中断した時期があり，そのうち1年は風俗店で働いていた。Bはもともと「美容垢」と呼ばれる，Twitter上に自身のダイエットや外見変化の記録を載せるアカウントをもっていた。そのタイムラインで流れてきたのが，男女の性行為を撮影した写真や動画（いわゆる「ハメ撮り」）を投稿している男性のアカウントだった。男性は裏垢女子とハメ撮りを行っており，ここからBは裏垢女子の存在を知った。「どうせ私も体型とってるから同じ写真とってみようってとって載せたらすごい反応がきてま

じ！？ってなって，お金も稼げるようになってずるずる今にいたる」という。投稿しはじめた当時は「今よりも承認欲求があったし，性欲も元気」で，「継続できたのはその二つが強かったから」と振り返る。しかし途中風俗店勤務の経験をへて男性嫌いになり，「今は承認欲求を満たす目的ではまったくやってない」し，「稼げなくなったら今のアカウント一瞬でやめる」つもりである。

　Cは，Bと異なり最初から稼ぐことを目的に裏垢をはじめた。Cは2年以上前にガールズバーで働いていたが，コロナ渦以降家族に医療従事者がいたため辞めなければならず，金銭面に不安があった。そのようなところへ，インターネットで知り合った男性の友人に「たぶん裏垢でいい線いくよって言われて。裏垢って稼げるらしいよって言われて」始めることにした。裏垢女子の存在自体は以前から知っていたが，「体だけで勝負してるじゃないですか裏垢女子って，自分なんか無理だと思ってた」という。友人から「言われてみてやっとやるかってなった」。Cは裏垢活動へのモチベーションが高く，「がんばれば，まだまだ収入的にも，まだまだ見返りがある分野だと思っている。そこに時間をかけたい」と語っていた。

　つぎに紹介するDは，裏垢女子のなかでも少し特殊な立場にいる。Dはもともと普通に趣味用としてTwitterアカウントをもっていたが，2017年に知り合いのカメラマンが撮影モデルの募集ツイートを投稿しており，これをリツイートしたことがきっかけで撮影に誘われた。そこから露出は行わない普通の被写体としてモデルを行っていたが，2018年にグラビア系の撮影会に誘われ参加し，以降は水着程度までの露出をしている。2019年にはオタク活動で地方にライブ遠征する必要が出てきたため，写真の更新頻度を増やし写真集を作るなど積極的に活動を行った。結果として月に数十万から多い月では百万円ほど

売り上げた。

　現在，Dは自分の売上を伸ばすことよりも，会社経営をしながら他の裏垢女子のプロデュース活動をメインに行っている。最初は自身の売上を法人口座に入れていたが，いまでは裏垢女子のプロデュース業務をメイン事業としながらDが経営を担っている。提供サービスとしては，すでに活動している裏垢女子に対するフォロワー数を伸ばすことを目的としたアカウント運用のアドバイス，販売サイト運営の代行，さらに一から裏垢女子としてデビューし収益化を目指すプロデュースなど幅広く手がけている。

　ここまで紹介したAからDまでの例は，あくまで自分の体を表現や商品として投稿するために裏垢女子の活動をしている。最後に紹介するEは，これらの例とは異なり異性との出会いを求めることがきっかけであった。Eは2020年の後半に異性と出会うためのTwitterアカウントを作った。このアカウントの目的は，当時交際していた恋人との性行為に満足できず，相性の合う相手を探すためだった。しかしすぐに，フォロワー数が少ないと男性と出会えないことに気づき，下着姿や裸の写真を投稿するようになった。そのような写真を載せることには「なんか，抵抗はなかったんですよねぇ」と振り返る。最終的に1万人近くまでフォロワーが増え，異性とも出会うことができた。

　Eは現在，裏垢女子としての活動は辞めており，裏垢女子と同時並行的に始めた露出の少ない被写体モデルとしての活動のみ行っている。被写体活動について，「若いうちしかできないなっていうふうに思って」と語る。「他人からの承認がほしかったっていうのもあったけど，結構自己満足でやってる部分もありますね。記念に近いと思います」。

　ここまで紹介した語りからまず確認できるのは，全員が裏垢女子の

活動を通じてみずからの身体を客観視していることである。身体を商品とみなすか，表現物とみなすか，男性を誘惑するコケティッシュなものとみなすかはそれぞれ異なり，またそれらの境界も曖昧であるが，自分の身体を自分で撮影するという自撮りの構造上，自己身体の客体化が行われるのである。また多くの裏垢女子は，他のアカウントの写真や活動に影響を受けていることも語りから明らかになったことである。自己身体の客体化と他者の外見の模倣という二つの現象は，冒頭で示した「女性の自己性化・自己モノ化」という，ソーシャルメディアをめぐるフェミニズム的危機とされるものにまさしく当てはまる。しかし裏垢女子の事例からは，これらが危機ではなくむしろポジティブに行われていることがみえてくる。

撮影から投稿までの流れ

　以下では調査協力者Bに行った行動観察調査にもとづいて，写真撮影から投稿までの一連の流れを示しながら裏垢女子の投稿の詳細をみてゆく。

　Bの場合，撮影はおもに自宅で行っている。マンションのワンルームの一角が撮影スペースになっていて，大きな姿見と部屋を間仕切るカーテンがかけられており，ここで撮影が行われる。鏡の横にあるラックに撮影用の円形ライトが掛けられ，照明を調節しながら撮影を行ってゆく。Bによると「体の見え方が照明で変わる」ので，照明の位置や色を変えるだけで何パターンも写真が撮れるという。以前は一度の撮影に1000枚ほど撮影を行っていたが，さすがに編集や選別がたいへんなのでいまはそこまで撮っていない。この日は最終的に50枚近く撮影し，うち十数枚を投稿用に採用した。

　Bは姿見の前に立ち，鏡に映る自分の姿をスマートフォンで撮影し

てゆく。自撮りというとスマートフォンのインカメラ（本体の内側に付いているカメラ）で撮影された，スマートフォンを持つ手元が写り込まない写真を一般的に想像するだろう。しかしBの写真はスマートフォンを持ったBの姿が鏡に映り，それをスマートフォンの外側のカメラで撮影する形式をとる。これについてBは以下のように語った。

　　B：絵師さん（Twitterなどで自作のイラストを投稿するプロもしくはアマチュアのイラストレーター）が描く裏垢女子って大体スマホ片手におっぱい出してるんですよ。だからやっぱスマホを持って撮るのが裏垢女子っぽいなって思ってて。だからスマホ片手のほうがぽいかなと思って，インカメであまり撮りたくない。

　Bはみずからの撮影スタイルを中国など海外の裏垢女子を参考に作り上げた。それは売上を出すために，日本の裏垢女子のなかで埋もれないようにする工夫であるという。また，Bは裏垢女子を始めた当初は，ポージングなどを美少女フィギュアから参照していた。

　　B：フィギュアになった時に見栄えがいいポージングが好きで。フィギュアまんまっていうよりは，この写真がフィギュアになったらうれしいなみたいな感覚です。

　Bは昔からアニメやゲームのキャラクターのフィギュアを男女問わず集めるのが好きだった。具体的な作品名として「刀剣乱舞」や「艦隊これくしょん」をあげていた。
　この日の衣装はセーラー服で，まず普通に着ている写真，そこから

上のブラウスをずらして下着が見える姿での写真，さらにスカートを
たくし上げた写真と，だんだんと露出度の高い写真を撮影してゆく。
またそれぞれの格好で胸や脚など体のパーツが強調されるよう姿勢を
調整しながら数パターンの写真を撮る。セーラー服の上下を着た状態
での撮影は25分ほど続いた。さらにBはセーラー服のスカートとブ
ラジャーを外し，ブラウスとショーツのみの姿で撮影を始めた。この
姿では胸を強調するために，めくったブラウスを手で引き寄せ谷間を
作るように撮影する。これができない衣装の場合は，スマートフォン
を持つ手の肘を胸に寄せて谷間を作るという。

　つぎは写真の編集作業である。選ばれたのは床に座ってブラウス
をめくり下着を見せつつ，膝から下の脚を強調した写真だった。Bは
Picsart（ピクスアート）という画像編集アプリを使用している。Bはま
ず写真のサイズ調整を行った。基本的に写真の比率は3:4にしてお
り，これはTwitterのタイムライン上で表示される際に仕様で勝手に
カットされないためだと語った。しかしすぐに「でもこれは，足の指
が写ってるから，足の指で喜ぶフォロワーを考慮して切り取らない
（笑）」と続けた。「人のフェチってたくさんあるからどこでも刺さると
思ってて，あんまり切り取りたくない」という。

　Bは人物と空間の配置も考慮しており，インスタグラムでよく投稿
されているような，人物が中心にいてそのまわりに空間が少し残って
いる写真のほうがきれいに見えるため，それを意識して写真の切り取
りを行っているという。

　つぎに，体の加工に取りかかる。アプリの機能で脚全体をぼかし，
画像全体を粗くすると脚がつるつるになりきれいに見える。そのうえ
で，肌の傷やほくろなどは身バレ（身元がばれること）を防止するため
に加工で消し，もちろん顔にはモザイクをかける。ほくろはいちいち

写真を加工するB（筆者撮影）

Bの投稿画像（掲載許可あり）

編集で消すのが面倒なので，いつか手術で除去したいそうだ。

　裏垢女子の画像は身バレ対策だけでなく画像の悪用対策も施される。Twitterでは，出会い系サイトなどの業者によるアカウントが裏垢女子の画像を勝手に流用する現象が後をたたない。こうした悪用への対策として，裏垢女子たちは加工アプリの文字機能を使って画像にみずからのTwitterIDを挿入する。いわば署名をすることで，画像の権利者を明確にしているのである。Bも画像にIDを入れているが，昔はIDを肌の上にのせてタトゥーのように見せるのが好きだったという。しかし肌の上に文字全体を被せると，編集で肌となじませながら消すことが容易になり悪用対策にならないため，編集が面倒になるような箇所にIDの文字を挿入している。

　以上の編集作業が終わると，最後に投稿をする。投稿作業は販売サイト上のファンクラブページとTwitterそれぞれで行う。ファンクラブでの投稿はタイトル，本文，サムネイルを設定することができる。タイトルなどにはわかりやすいワードを入れたほうが目を引くという。今回は「清楚」「黒髪」「セーラー」といった言葉を使用していたが，さらに露出度が高い衣装の場合は直接的な表現も使用している。投稿画像を設定し，最終確認をしたらファンクラブでの投稿作業は終了となる。

　Twitterでの投稿は，まず非公開設定のアカウントで作成して投稿し，タイムライン上での画像の見え方などを確認する。問題がなければ，実際のアカウントで投稿する。Bは，課金してくれた人とそうでない人を区別するため，ファンクラブとTwitterで投稿する画像は分けている。そのうえで，ファンクラブ限定の画像を，一部をスタンプ機能で隠してTwitterに投稿しファンクラブへの誘導を行っていた。

行動観察調査でみえてきたこと

　ここまで，Bへの行動観察調査にもとづいて撮影から投稿までの一連の流れを示した。ここから指摘できる点を以下にあげたい。

　まずなによりも，撮影から投稿までの工程には時間も手間もかけられ，細部にまで意識をめぐらせて投稿写真が制作されていることがわかるだろう。裸の画像をソーシャルメディアに投稿するという行為から一般に想像されるような，男性に騙されて，あるいはその場の勢いで，といった衝動的な投稿とは異なる実践がここでは観察されるのであり，この点を第一に指摘しておきたい。

　つぎにメディアの解読者としての女性という視点では，裏垢女子たちはみずからの写真を作り上げるうえでさまざまなメディアからイメージを参照していることがあげられる。Bはイラストやフィギュアなどおもに二次元のキャラクターを参照しており，それらのイメージを自分の身体にあてはめながらアレンジして用いていた。またBが今回選んだセーラー服という衣装も，男性向けのアダルトメディアで使い古されてきたといってもよい性的記号である。これをBはみずから利用し，「清楚」というイメージと露出の落差を強調して写真の雰囲気をコケティッシュに作り上げている。

　また，Bが参照していたイメージとしては，海外の裏垢女子や絵師によるイラストなどもある。ここからわかるのは，Twitter上ではすでに「裏垢女子」をめぐるイメージの構築がなされていて，裏垢女子といえばこういうものだ，という共通理解がある程度共有されている点である。裏垢女子を始めたきっかけとして他のアカウントをたまたま目にしたというエピソードがたびたび登場していたように，裏垢女子と呼ばれるアカウント群の規模がそれなりに存在し，「裏垢女子的なもの」が成立していることがうかがえる。こうして裏垢女子は他の

アカウントを相互に参照しながら活動しているのである*3。

　男女向け問わず女性を表象するさまざまなメディアを参照しながら、みずからが裏垢女子として見せたい写真を制作するという実践は、彼女たちがメディアの解読者であると同時に解読した記号を使って再生産を行う生産者でもあることを示している。従来のメディア論において想定されてきたような、メディア上で表象される女性イメージの受動的な受け手という存在は、ここにはいない。このようにメディアの解読者としてさまざまな女性表象を取り入れ、どのような表象がどのように男性の性的好奇心を掻き立てるかということに気を配りながら裏垢女子たちは写真を制作している。

　前項で参照した語りからもわかるとおり、今回調査に参加した裏垢女子たちはみずからの写真を「作品」と呼ぶ。そして作品がどのように見られるか、さらに作品を通じて裏垢女子としての自分がどのように見られるのか、にまで気を配っている。写真の構図、衣装、加工など、できる範囲で工夫を凝らしみずからの身体を題材とした作品を制作しているのである。

身体を「見せる」ということ

　前項の最後では裏垢女子の活動が、メディア上の女性表象を参照しながら自己の身体を客体化し、写真イメージの構築を行っていることを指摘した。こうした実践はソーシャルメディアが普及した現代における、メディアの解読者ならびに生産者としての女性という存在を示すものである。

　しかしながら読者のなかには、そのような解読や再生産の実践も結局は男性中心的価値観の内面化であり、女性の主体性を見出すことは難しいと感じる者もいるかもしれない。この点に関して、本章が注目

するのは，「女性の自己性化・自己モノ化」という実践を通じて得ている経験そのものである。それが第三者からみて男性中心社会における搾取にみえようと，性被害にみえようと，そこで女性本人が何を経験しているのか，そのこと自体にアプローチする立場を本章はとりたい。これはAV女優の動機に関する語りから彼女たちの「自由意志」について分析した鈴木涼美 (2013) の問題意識を引き継いだものである。

　裏垢女子における「女性の自己性化・自己モノ化」とは端的にいってしまえばみずからの身体を性的な作品として作り上げ呈示，販売することである。身体を客体化する，しかもおもなターゲット層である男性の性的な関心やまなざしを内在化しながら，という活動のなかで彼女たちは何を感じるのか。たとえばBは「エロいって言われるのが嫌って思ってた時期もある」と述べている。

　　　B: 自然光で写真撮ってた時で，この光の当たり方が体に映えててきれいだなって感じで出してたりとか，夕方の日が傾いてる時間の薄暗い雰囲気とかがきれいだなって思って出してたのにエロいしか言われなくて。おおってなったけど，今はそれも作品の味かなって思ってたりするけど。

「性的に見られるのは気持ち悪いなあとは思うんですよ。実際，プライベートとかで異性にそういう感じでこられたらだめなタイプなんですよ」とBは話す。続けてBは風俗で働いていた時のことを振り返りつつ，「私が特殊だと思うんですけど」と前置きしながら以下のように続ける。

　　　B: 風俗の時にお客さんから，性的に消費されるではないけ

ど，接客するの嫌だな，とか気持ち悪いなって思うところは
あったんですけど……。でもお金になるとできちゃうんです
よ。

　上記の語りからわかるとおり，まず前提として，裏垢女子という活
動について考える際，それが経済活動という側面をもつことが確認で
きる。これはBに限った話ではなく，今回インタビューした対象者の
うちAからDの4名は全員が活動から収入を得ている。前述したとお
り多くの裏垢女子はファンクラブサイトを通して収入を得ている。設
定された月額プランの金額は内容によって変わり，無料で写真を見ら
れる下位プランから，月額1万円前後の上位プランの幅のなかで金額
を設定している者が多い。月数十万になるという売上は，彼女たちの
生活を支える大きな収入源である。それゆえに，裏垢女子の活動はお
小遣い稼ぎといったレベルではなく，生存活動として彼女たちにとっ
て大きな意味をもつ。Bの場合，裏垢活動を通じた金銭面での安定が，
性的に見られることへの嫌悪感との折り合いをつけるうえで重要な機
能を果たしていることが語りからうかがえる。
　しかしこれは，お金になるから性的なことも我慢できる，という単
純な話ではないこともまた指摘しておかねばならない。この点に関連
して，裏垢女子のプロデュースを手がけ彼女たちを俯瞰的にみる立場
にいるDとのやりとりが参考になる。

　D：写真載せる動機で言うと，やっぱ一定数承認欲求ってい
　う子は多いのかな。なんかそんなに稼げると思ってなかった
　けど，承認欲求満たせた，ぐらいのものが多いのかなと。今
　でこそ稼げるってわかって，それこそ企業的なものも参入し

てるけど，やっぱうちの子とかきっかけは私がプロデュース
するっていうので稼げるから，みんなだいたい応募してくる
んですけど，なんだかんだ楽しんでます。ファンがついて嬉
しいとか，裏垢で知り合った男と会ってたり。結局楽しんで
るんですよね，結果。

——そうですよね。だからその承認欲求っていうのも，そんなマイナ
スのイメージじゃないんだろうなと思うんですよね。

D：それこそ，自分の体型コンプレックスだったりする子も，
乳がでかいケツがでかい子って普通に生活する上だと割とコ
ンプレックスになっちゃうわけじゃないですか。でもそうい
うアカウントやるとめっちゃ褒められたりとか。それがお金
になったら結構みんな喜ぶんですよ。乳でかくてよかったわ
みたいな（笑）っていう感じになってくれますよ。そういうこ
とはありますね。やっぱ風俗とか夜職に比べたら精神病ま
ないです。やっぱ客じゃなくてファンって，全然精神病まない
です。基本，もちろん個人個人が優しくしてくれるっていう。
結局風俗客って，じゃあサイト見てその子のビジュがなんと
なく好きだったレベルの人で。いろんな女のエロ写メが無限
にあってもっとコスパ良く可愛い子の見れるなかでわざわざ
選んでくれる人って，ある程度個人として見てくれてるんで
すよ。だし，受け身じゃなくてこっちに主導権があるので，
活動するうえで。ぜんぜん精神病まないです。

D：基本エロ産業全般って，受け身なら受け身なほど精神に

くると思うんですよね。主導権があれば結構元気にやれると思うので。それこそ，夜職業界とかも女王様とかって元気で年取ってもやってるんですよね。能動的にやるものだから。それあるのかなって思いますね。エロやるにしても，自分の意思で脱いで見せつけるのと見られるって違うわけじゃないですか。自分がいいなって思える姿を，それだって脱いでるってだけで人に見せる。でそれを褒めてくれるってなんか割と精神にいいですよ。だから逆に運営任せで雑にアダルトとかやらされるとぜんぜん精神に悪いんですよね。自分が別に人に見せたい姿を見せているわけじゃないってことじゃないですか。それって。それだと身バレも気になっちゃうし，なんか病んじゃうんだなって気がする。あんまりそのせいでプラスになること，お金以外はないのかなと思うけど。まじで向いてると，みんなどっちかっていうと元気になります。友達もできるし。

——見られているのか見せてるかの違いってめちゃくちゃ大きいですよね。

D：自分の好きな表現できるっていうのが，やっぱそういう裏垢とか個人でやるメリットだなって思うし，載せたくないもの載せたいもの自分で全部選べるし。やっぱそういう意味だと下手なグラビアとかやるより健全じゃないのかなって思う精神には。結局グラビアDVDって自分が好きなようにやらせてもらえないし，盛れてない写真載せられたりもするんで。精神にいいです裏垢女子は。ファン優しいし。

Ｄの語りによれば，まず裏垢女子として人気が出るような体型は実生活では性的なまなざしに晒されることが多い。そのような身体を自撮りにおさめ自分の好きな表現に落とし込む，すなわち見せたい形で見せる。そして作品として昇華された身体が金銭的価値をもつことを自覚することで，体型へのコンプレックスも昇華されてゆく。このような話は他の裏垢女子の語りにもみられ，たとえばＡは小さい頃から痴漢や盗撮などの性的被害に遭ってきており，多くの嫌な思いを経験してきたという。しかし同時に，そのような経験を通じて自分の身体的特徴が男性にとっての価値になることにも気づいた。Ａは「勝手に見られるのは嫌だけど，自分が見せたいところを見られるのはいい」と語る。

　またＣも，学生時代はみんなが同じ制服を着ているなかで体型の違いが強調されるため，胸が大きいことはコンプレックスだったという。それが変わったのは，大学に入って17キロ痩せ，垢抜けたことだという。「普通にガールズバーとかパパ活とかできるようになっちゃって。すごい，変わったなあと思ったんですよ。自分の価値みたいなものが。そこで，自分はこういうキャラでいけばいけるんだなあっていうのがちょっとわかってきて」。

　体型の特徴はあくまで一例であり，さまざまな場面で程度の差はあれど性的な目で見られるというのは男女に限らず誰しも経験するといえる。そうした状況が時には本人を悩ませ傷つけることも少なからずあるだろう。しかし性的に見られる状況を完全になくすというのもまた現実的な解決策ではないし，いま直面している状況をすぐに改善してくれるわけでもない。そのような時，むしろみずから性的な特徴を魅力として呈示するというのは，一つの戦略として有効であることが

裏垢女子の事例からわかる。裏垢女子たちは，社会で流通するさまざまなイメージを流用しながら自撮りを通じて身体的コンプレックスと気持ちの折り合いをつけてゆくのであり，そのような女性性の受容経験として裏垢活動は機能している。

　あらためて，本章で取り上げてきた裏垢女子の活動を端的にまとめると，男性による性的まなざし，すなわち他者の視線を内在化しながら自分が見せたい身体を，写真を通じて作り上げる実践である。ここで呈示される作られた身体を，本章では「見せる身体」と名づけよう。それはいわばロールプレイング的に，女性がみずからの女性性と向かい合うことで生まれる虚構的身体である。そしてこれはスマートフォンやソーシャルメディアが普及し，視覚情報があふれる社会になったからこそ出現した身体ともいえるだろう。メディア上のイメージは，女性を抑圧するばかりではなく，女性がみずからの身体とともに生きてゆく時の手助けにもなるという可能性を示しておきたい。

4　「見せる身体」のゆくえ

　本章ではソーシャルメディアが普及した現代におけるメディア表象と女性の関係をめぐる研究という文脈において，裏垢女子と呼ばれるユーザーの自撮りの投稿実践を分析した。ソーシャルメディア上に投稿される自撮りは，女性間で美しさやかわいさの基準を共有，強化する機能をもつとしてフェミニズム的観点から危惧される対象でもあった（田中 2018; 高橋 2021）。しかし裏垢女子の実践からは，メディアの発するメッセージを解読し，みずからも発信する「文化の生産者としての女性」（田中 2012）というメディア文化の担い手として女性たちを捉え返すことができ，さらに文化の再生産を通じて身体的コンプレッ

クスや女性性の受容の機会を得ていることがわかった。

　上記の主張を受けて，読者のなかには1990年代に社会問題化した，下着を売るブルセラや援助交際を思い浮かべる人々がいると思われる。当時，宮台真司や上野千鶴子といった社会学者たちがメディアで発信力を高めてゆく大きなきっかけとなったのは，こうした若い女性と性をめぐるセンセーショナルな問題への言及であった。そこでは女性が性を商品化することへの是非に始まり，このような現象が登場するにいたった社会的背景をコミュニケーション論から分析した議論（宮台［1994］2006）など，一時的な盛り上がりをみせた。

　本章が扱う裏垢女子も，女性による性の商品化，そしてその活動のなかで女性が社会的な規範から自由になりえるという可能性の指摘まで，ブルセラや援助交際と類似する点がある。しかしそれらと決定的に異なるのは，裏垢女子が商品にしているのはあくまで写真であり，みずからの身体を素材とするにしても，写真である以上そこに写っているのは虚構であるということだ。ブルセラにおいてはついさっきまで自分が履いていた下着を売り，援助交際が直接的な身体の接触そのものを売っていたのに対し，裏垢女子は作り上げた虚構の身体を売る。そしてその制作過程において主導権を握るのは裏垢女子本人である。衣装選び，コンセプトの決定，撮影，編集，そして投稿にいたるまで，裏垢女子は些細な部分にまで考えをめぐらせており，その姿勢はクリエイターといってもよい。彼女たちの，みずからの身体を「見せる」作品を作り上げていくこだわりは，宮台の議論に代表されるような性の商品化を性的コミュニケーションとしてのみ分析する視座では捉えきれない。

　とはいえ本章では「見せる身体」というアイデアを析出するにとどまり，その意義について詳細な検討をすることはかなわなかったが，

この点については長期的な観察や聞き取りが必要になる。なぜなら女性の外見や性について考える際には，年齢という時間経過の視点が不可欠だからである。見せる身体の虚構性が社会のなかで女性を生きやすくするのか，継続的な検討が必要である。

　最後に上記の点に関連して，本章のようなタイプの言説がもつあやうさについても言及しておきたい。前述したように，女性と性の商品化をめぐっては1990年代に社会学やフェミニズムの文脈において熱心に議論が交わされた。しかしながら，ここで提出された問題点は以降引き継がれることなく現在にいたっている。30年前にブルセラや援助交際をこぞって取り上げた社会学が一過性の議論に終始してしまったことを，後続の論者は教訓にしてゆかなければならない。その意味でも，裏垢女子の事例について長期的な調査，分析をしてゆくことが本章の課題としてあげられるだろう。

註

*1——おもに利用される販売サイトはFantia（https://fantia.jp/）というクリエイター支援サイトである。今回インタビューを行った裏垢女子のうち販売サイトを利用している者全員がみずからサイトの更新作業を行っている。しかし裏垢女子のなかには更新作業や撮影にかかる経費にまつわる事務作業などを請け負う業者や個人に委託している者もおり，売上を正当にもらえないなどトラブルに巻き込まれている裏垢女子が一定数存在することが，それぞれの聞き取りのなかで何度も言及された。

*2——1970年代の第二波フェミニズムにおいては，教育や雇用の現場での機会均等やセクシャル・ハラスメントの是正といった問題への取り組みがなされ，一定程度の効果を発揮した。しかし資本主義の発展，グローバル化など社会状況が大きく変わるなかで第二波フェミニズムが提起する論点の有効性がゆるぎはじめ，特に1990年代にポピュラーカルチャーの領域と結びつきながら発展していったのが第三波フェミニズムである（田中 2012）。

＊3——実際，仲のよい裏垢女子同士では運営方法や撮影に関する情報交換，共同撮影会，不要になった衣装の交換など直接的な交流もなされている。

参考文献

大塚英志，1989，『少女民俗学——世紀末の神話をつむぐ「巫女の末裔」』光文社．

————，[1991]1995，『「りぼん」のふろくと乙女ちっくの時代——たそがれ時にみつけたもの』筑摩書房．

倉持由香，2019，『グラビアアイドルの仕事論——打算と反骨のSNSプロデュース術』星海社．

佐々木チワワ，2022，『「ぴえん」という病——SNS世代の消費と承認』扶桑社．

鈴木涼美，2013，『AV女優の社会学——なぜ彼女たちは饒舌にみずからを語るのか』青土社．

高橋幸，2021，「女性の外見的魅力をめぐるフェミニズムのポリティクス」『現代思想』49(13): 178-189．

田中洋美，2018，「ジェンダーとメディア研究の再構築に向けて」『国際ジェンダー学会誌』16: 34-46．

————，2021，「みる／みられるのポリティクス：視線・監視・ジェンダー」高馬京子・松本健太郎編著『〈みる／みられる〉のメディア論』ナカニシヤ出版，27-40．

田中東子，2012，『メディア文化とジェンダーの政治学——第三波フェミニズムの視点から』世界思想社．

本田和子，[1982]1992，『異文化としての子ども』筑摩書房．

宮台真司，[1994]2006，『制服少女たちの選択——After 10 Years』朝日新聞社．

————，[1995]1998，『終わりなき日常を生きろ——オウム完全克服マニュアル』筑摩書房．

宮台真司・石原英樹・大塚明子，[1993]2007，『増補 サブカルチャー神話解体——少女・音楽・マンガ・性の変容と現在』筑摩書房．

Butler, Judith, 1990, *Gender Trouble : Feminism and the Subversion of Identity*, New York : Routledge.（＝1999，竹村和子訳，2019，『ジェンダー・トラブル——フェミニズムとアイデンティティの攪乱』青土社．）

第4章

マンガ専門誌にみる
「マンガを語る若者」の消長

山森宙史 *Yamamori Hiroshi*

1　「マンガを語る若者」という存在への注視

　2020年，国内のマンガ市場は1995年以来となる過去最高額の売上を記録した。長く続く出版不況により，マンガ出版物の売上全体も年々減少傾向にあったものの，電子コミックやマンガアプリの利用者の増加，メガヒット作品の定期的な出現により，いまだ「マンガ」というメディアは老若男女問わず多くの人々から支持を得ている。いまや，マンガを「ポピュラー文化」ないしは「メディア文化」とみなすことに異論を唱える人は少ないだろう。

　だが他方で，現在マンガを「若者文化」として論じることは果たしてどこまで妥当だろうか。従来マンガは「若者文化」を論じる際の代表的なメディアのひとつとして位置づけられてきた。これまで多くの若者研究・若者文化論の「若者とメディア」を論じる文脈でマンガが取り上げられるとともに，直接「若者文化」が問われない議論の文脈においてですら，そのおもなオーディエンス像に「若者」が据えられることがなかば自明視されてきた。しかし，現在，何の注釈もなくマンガを「若者文化」を代表するメディアとして論じることは困難と言わざるを得ない。確かに依然として若者の間で人気のある作品は存在するし，それらに関する「語り」は日々 SNS 上でも散見される。青少年研究会が2012年に実施した「都市住民の生活と意識に関する世代比較調査」における「最も関心のある文化ジャンル」に関する回答をみても，10項目中，マンガは音楽と映画に続く位置につけており，いまだ若者から一定の支持を受けていることがわかる[*1]。

　だが他方で，「若者」をとうに過ぎた中年のお笑い芸人が流行りの作品の魅力を熱く語り，さらには中年を過ぎた老年世代までもが大学で

マンガの文化的価値を若者に対して講義する様相からは，いまやマンガに特定の世代に特権的な読者像を構築することは困難である。そして，若者自身の間でもいまさらマンガを「私たちの世代に特権的なメディア」とまではみなしていないように感じられる。どれだけ好きな作品や「推し」のキャラクターについての語りを紡ごうとも，そこにはマンガというメディアそのものを自分と同世代の若者が主導して盛り上げていかねばならない，とするような「自分たちのメディア」を確保することをめぐる"切実さ"はやはり希薄である。その理由をマンガの文化的市民権の高まりや読者年齢層の拡大，あるいは，ライフスタイルや娯楽の多様化に見出すのは容易い。だが，そのいずれもが間接的な答えにはなりえても，直接的な答えにはなりえない。

　では，マンガはいかにして「若者を代表するメディア」，「若者文化」として論じにくくなっていったのだろうか。あるいはつぎのように問い直してもよいかもしれない。今，マンガというメディアから「若者」を問うことは果たして可能なのか，と。

　この問いを明らかにするうえでまず注目したいのが，これまで各時代に主流のメディアを通じて「若者文化」や「世代文化」を描き出してきた社会学・メディア論の議論である。これらの議論において注目に値するのが，2000年代以降，多くの論者が世代文化論を展開することの困難を指摘している点だ。たとえば石田佐恵子は世代文化論が抱える一過的な消費文化現象を「世代文化の代表」として過剰に一般化した議論に陥る危険性や，ある世代を別の世代との優劣関係においてとらえる「世代主義」が大きな人口規模をもつ中高年向け市場と結びつくことで，ネガティブな若者世代論が出版業界において魅力的なマーケティング分野になっていく傾向を問題視する（石田 2007）。また，大山昌彦は，近年の大人になっても若者の時期に接したサブカルチャー

を「卒業」することなく継続していく現象をふまえ，若者サブカルチャーの脱世代化に注目している（大山 2012）。ほかにも，メディアそのもののジャンルの細分化やインターネット環境の主流化にともなうマスメディアを通じた世代的共通感覚の終焉など，若者を取り巻くメディア環境の変化を理由としてあげるものが数多く散見される。

こうした先行する「若者文化論の困難」をめぐる議論からわかるのは，現在の地点からあるメディアが「若者文化」であるか否かを論じるためには，同時代的な時代診断に終始するのではなく，あらためて個々のメディアと若者当事者との関わりの通時的な変化を描き出していく作業が必要ということである。あるメディア文化が現在の地点において「若者文化」であるか否か問うためには，いかにしてその対象が「若者文化」として歴史的に構築され，また，相対化されていったかの過程を追うという作業を抜きには成り立たない。「若者文化」という文化的枠組みは実体として存在しているというより，そこに関与するさまざまな属性を有した担い手たちによる，何を「若者文化」として意味づけ，それをめぐる語りを生産・再生産していくかという言語的実践のなかで形作られるものでもあるからだ。それゆえ，現在マンガを「若者文化」として論じにくい背景を明らかにするためには，マンガそのものをみるよりも，マンガを「若者文化」として位置づける論理の妥当性をこそ問い直さねばならないだろう。

とりわけ本章で注目したいのは，当事者である若者自身がこれまでマンガをどのように「われわれのメディア」「世代的文化」として語ってきたのかという言説的な実践である。これまでマンガと読者（受け手）との関わりに焦点をあてた社会学的・メディア論的研究には，B.アンダーソンが提起した「想像の共同体」論を援用しながらマンガ雑誌ごとの読者共同体の特徴やその力学を明らかにしようとする研

究（難波 2001）や，S. フィッシュの「解釈共同体」論やS. ホールの「エンコーディング／デコーディング」理論などを用いて，読者やファンに共有された特定の作品ジャンル固有の「読み」のあり方や解釈枠組みを析出しようとする研究（金田 2007; 堀 2009）などが提起されてきた[*2]。また，近年ではエスノメソドロジーの分析視座から実際にマンガ読者へのインタビュー調査を実施し，そこで得られた語りから読者の作品解釈のあり方を明らかにしようとする研究も存在している（池上 2013）。

　上記に限らず，読者がマンガを介してどのような独自のメディア・コミュニケーションを生み出しているかを読者言説に焦点をあてながら明らかにしようとする研究は，これまでも少なからず提起されてきた。だがこうしたマンガ読者に関する研究において興味深いのは，マンガについて語る存在に「若者」が据えられることが所与のものとして位置づけられ，そもそも彼らが「何を」語っているかではなく，いかにして語るようになったか，あるいは，なぜマンガを語ることができるのかが問われる機会があまりないことである。当然ながらマンガを語る存在は「若者」だけに限定されないし，また当初から若者の間でも熱烈に語ることが受け入れられていたわけではない。また，宮本大人が指摘するように，マンガをめぐる語りは，一からすべて語り手が生み出したオリジナルなものなのではなく，「どのように語っていくかというパターン，語りを円滑に進行させるための語彙，語りを発表する媒体，語りをその中に位置づけるべき文脈，こうしたものが様々に異なる動機を伴って，具体的な歴史の過程を経て，作り出されてきた」（宮本 2001: 83）ものでもある。若者が「マンガを語る代表的存在」とみなされるためには，たんにマンガの主要読者層であるという理由に限らず，各時代において彼らがマンガについての語りを試行錯誤し

ながら実践していく過程が存在していたということである。つまり，「マンガを語る若者」も，歴史的に構築された産物として捉える必要があるということだ。では，若者はいかにして「マンガを語る代表的存在」としての正当性とその語りの方法を獲得していったのだろうか。

　こうした観点からマンガと若者の関係を考えるうえで参考になるのが，マンガ読者の言説によって疑似的に形作られる「共同体的空間（交流の磁場）」に着目した瓜生吉則の研究である。そこでは，1970年前後のマンガと若者読者との濃密な関係，すなわち，マンガ読者当事者である若者自身がマンガを同世代に特権的なメディアとして位置付け，その文化シーンを形作る主体として振る舞おうとする「マンガの「領有」をめぐる切迫した思い」（瓜生2005: 115）がどのように成立し，また，すれ違っていったかが描き出される。主に1960年代後半から70年代初頭のマンガファンの結節点となった雑誌『COM』や『ガロ』に焦点があてられるが，注目したいのは，当時の若者が「マンガ雑誌」というメディアとは別に，「マンガを語る場」としての雑誌メディアを切に希求していく姿である。従来のようにただ大人が子どもにマンガを与えるような雑誌ではなく，同世代のマンガファン同士が作品投稿を通じて切磋琢磨していく場であり，また，全国のマンガファンとマンガについて"熱く"語る場としても機能した雑誌『COM』の出現は，「マンガを語る若者」を可視化させると同時に，若者自身が「マンガを語るメディア」を発見した瞬間でもあった。瓜生はまさにそうした「マンガを語る若者」たちがいかに形づくられ，「マンガをめぐる熱い語り」を紡いでいったかを明らかにしているが，では，若いマンガファンによるこのマンガへの「切実な思い」は『COM』なき1970年代以降，どのような変遷をたどり，現在に帰着することになったのだろうか。

　この疑問を明らかにするうえで本章が具体的に検討したいのが，

1970年代半ばより活発化し，2000年代初頭まで継続的に刊行されつ
づけてきた『ぱふ』を筆頭としたマンガ専門誌・情報誌である。これ
らマンガ専門誌・情報誌は，マンガ評論というマンガをめぐる語りの
枠組みが形づくられる場であると同時に，熱心な若いマンガファン
（マンガマニア）による具体的な語りが再生産され，可視化される場で
もありつづけてきた。しかし，マンガ専門誌は2010年代以降，ほとん
どその姿を消し，マンガファンから「マンガを語るの場」としての支
持を失っていくことになる。それゆえ，70年代以降のマンガ専門誌・
情報誌の消長を追うことは，マンガをめぐる「語り」とその「場」が質
的にどのように変わっていったのか，そしてその過程でマンガを「自
分たちの世代のメディア」として特権的に位置づける感覚が困難と
なった現在の地平がどのように用意されたかを理解するうえでの一助
となるだろう。

　以下の節では，具体的に1970年代以降のマンガ専門誌の歴史的変
容過程とそこで交わされてきた若いマンガファンたちの言説に焦点を
あてながら，「マンガを語る若者」の系譜についてメディア史・歴史社
会学的な観点から検討していく。

2　マンガの語りをめぐる
「若者」と「大人」のポリティクス

「若者文化としてのマンガ」という言説空間の誕生

　マンガ専門誌上の具体的な語りの検討を始める前に，まずは「若者
文化としてのマンガ」という言説空間がどのように立ち上がっていっ
たかを確認しておきたい。というのも，若者によるマンガの語りとそ
の場は，先行世代，すなわち，非−若者としての「大人」によるマンガ

の語りとの関係から立ち上がってきたものだからだ。

そもそもマンガを「若者」と結びつけることは当初から自明だったわけではなく，1960年代初頭まではマンガはおもに児童文化として位置づけられる機会が多かった。しかし，1960年代半ば以降，「大学生がマンガを読む」ことがクローズアップされ，マンガと若者を結びつける論考が数多く提起されるようになる。なかでもその中心的な役割を担ったのが，1960年代に生じた劇画ブームを背景に出現した諸種の劇画論である。「〈青年〉という読者層を発見することによって，描き手と読み手との「世代」が重なり合う空間を可能にしたからこそ，「劇画」は戦後マンガ史の画期を成している」（瓜生 2005: 119）と瓜生吉則が指摘するように，この劇画を通じ「青年文化としてのマンガ」という若者世代に照準をあてたマンガ評論が梶井純や石子順造などの評論家によって提起されるようになる。

以降，若者論の文脈においてマンガに言及される機会が増加し，1970年代半ばから1980年代初頭には，『青年心理』や『青少年問題研究』といった学術雑誌・評論誌を中心に，副田義也（1934年生）や中野収（1933年生）などの社会学，社会心理学，メディア論の研究者らによるマンガを通じた同時代診断的な若者や若者文化の特徴を見出そうとする議論が活発化していく[3]。こうした社会学・メディア論の議論において注目したいのが，マンガのメディア特性を「若者文化」という文脈から論じようとするアプローチである。そこでは，「跳躍を繰り返す映像の前後関係を瞬間のうちに了解してしまう，映像の感受性・リテラシィを豊かにもった映像・テレビ世代は，数コマからなる一ページを一瞬のうちに，とらえている」（中野 1980: 108）という中野収による説明にもみてとれるように，マンガのメディア特性が，暗黙的にその時代の若者世代に固有のコミュニケーション様式・生活様式

と結びつけられて説明されるという点で,「世代論」としての若者文化論と同義のものとなっていた。こうした説明枠組みは,その後80年代後半から90年代初頭にかけて,いっそう顕著になっていくとともに,〈若者文化−メディア−マンガ〉という結びつきの自明性を現在まで維持する役割を果たしていくことになる。

対抗文化としての「わたし語り」マンガ論と自前の「場」の制作

　一方,このような「大人」による「マンガ若者文化論」に反発する形で,マンガファン（マンガマニア）を自負する若者たち自身による新たなマンガ語りの形式が1970年代半ばを境にみられるようになる。それが,マンガファンである〈わたし〉（あるいは同世代の"ぼくら"）に準拠し,マンガとの濃密な関わりをひたすら自前の言葉と論理を用いて語る,「〈わたし〉語りマンガ論」（瓜生 1998）である。当時の代表的な論者に,村上知彦,米沢嘉博,中島梓,亀和田武,亜庭じゅんといった1950年前後生まれの人々があげられる。

　　ぼくらには,語りつづける責任がある。まんがはいったい何
　　物でありうるのか。何物でもありうるという予感はあるにせ
　　よ,それを具体的にどういう形で,ぼくらはぼくらの生き方
　　の中で示しつづけることができるのか（村上 1979a: 40）

　このような〈わたし〉語りのマンガ論は,マンガを理解＝「感受」できない（と考えられる）「大人」側から提起された社会学や心理学といった既存の学術用語でマンガを論じる「既成の言葉への不信」（村上 1980: 65）に突き動かされ,「ぼくらなりに,まんがとのかかわりの意味を論理化してみよう」（同上: 65）とする意志から生じたものであった。

そして，〈わたし〉語りのマンガ論を展開していくうえで，「商業誌を中心とした大手メディアの状況とはまた別に，読者が同時に「発言者」であり「発信者」でもありうるという，読者がまんが状況を構成する主体へと「越境」していく，もうひとつの回路」(村上 2010: 151) として生じたのが，今までマンガの「受け手」であった若者自身が市場に流通する"自前のメディア"を作る試み，すなわち同世代の若いマンガ批評家たちが主体となった批評同人誌，ミニコミ誌，マイナーマンガ誌などの出版活動である。代表的なものに，後にコミックマーケットの主催者となる批評集団「迷宮」による批評同人誌『漫画新批評体系』，関西大学漫画同好会ＯＢで結成された同人グループ「チャンネルゼロ工房」の『チャンネルゼロ』，そしてそのチャンネルゼロ工房の一部メンバーによって結成された株式会社チャンネルゼロの『漫金超』や，「三流エロ劇画」や「ニュー・ウェーブ」という新たなマンガのムーブメントを先導した亀和田武の手による『劇画アリス』といったマンガ雑誌の創刊などがあげられる。

　ここで重要なのは，村上らをはじめとしたこの時期の〈わたし〉語りマンガ論が，ただのファン同士のおしゃべりや私的な感想の交換に終始するのではなく，同じような個人の主観性や印象を前面に押し出した語りの体裁をとりながらも，「批評」という語りの形式にこだわりつづけていた点である。そこでは，「まんがについて語るとき，ぼくは断固として「ぼくら」という主語を用いる。ぼくが語っているのは，まんがを通じて繋がりうる世界としての「ぼくら」についてであって，けっしてぼく個人の感傷や感想であってはならない」(村上 1979b: 14) という考えのもと，マンガファンにとっての「マンガを語ること」のあり方や可能性が模索されていた。1970年代半ばの若者による自前のメディアの制作・関わりを通じたマンガ批評活動の内実を研究した

宮本大人は，その特徴を「性急に，かつまた強く，自らの価値を，常に，それを語る主体のあり方も含めた「マンガ状況」に対する，「有効性」において問うこと。これが，「昭和50年代のマンガ批評」に広く共有された姿勢であった」（宮本 2001: 92）と指摘する。

したがって，「「「まんがについて語ること」がまずあって（もちろんそのまえには「語るべきまんが」があることが前提だが）それがブームの骨格を形づくるといった形が一般的になってきたようでなのである」（村上 1979a: 75-76）と述べられるように，マンガ「批評」は眼前の作品を評したり紹介するにとどまらず，大手出版社主導による商業化の徹底により〈生産者〉と〈消費者〉という境界がより強固かつ明瞭になった1970年代のマンガを取り巻く産業的状況に対し，マンガファンたる〈ぼくら〉という複数形の主体が受け手という立場から介入することができ，また，自分たちのマンガをめぐる熱い思いや意思を反映させて作り替えていくうえでの「有効性」の手立ての一つに位置づけられることになる。

こうして，1970年代半ばに登場したマンガ専門誌の多くに，「大人」の研究者や専門家とは異なる，同世代の若いマンガ評論家による同世代のマンガファンに向けた批評の言葉が誌面を賑わせるようになっていく。この時期マンガファンであった若者たちによって生み出されたマンガの語りの形式とは，先行する「大人」によるマンガ批評・評論を対立軸に据えつつも，「批評」というコミュニケーション形式を通じてマンガ状況へと介入する意思を内在させたものであり，またそのような活動を通じてマンガを「ぼくらのメディア」として世代的に特権的なメディアとして位置付けていこうとする運動的意味を帯びたものであったのだ。では，このような「マンガの領有」をめぐる思いは，後続の若いマンガファンたちにどのように受け継がれていったのだろうか。

3　1980年代以降のマンガ専門誌の変質

『ぱふ』という「場」

　マンガ専門誌『ぱふ』も先述の1970年代に生じた若者自身が同世代のマンガファンに向けて自前のメディアを作る流れから誕生した雑誌のひとつである。『ぱふ』の始まりは，1974年に都内の大学マンガ研究会の描き手を集めて作られたローカルタウン誌『漫画界』に端を発する。その後，同誌は75年に月刊『漫波』，76年に『まんぱコミック』とつぎつぎと誌名を改題し，77年の『だっくす』への改題をへて，しだいにページ数を増やしながら，78年6・7月号で全国誌化を果たす。そして，この全国誌化を境にして，当初は資金不足によるマンガ作品掲載の代替案という理由があったものの，「マンガについての批評や論文をもっとのせるべきである。のせてくれ！」*4といった読者からの支持を背景に，マンガ評論をはじめとした文章コンテンツやかつての『COM』を念頭に置いた読者投稿欄にも力を入れるようになる（持田1985）。

　とりわけ「評論誌」としての性格を強く押し出すようになったのが，それまでの「月刊マンガ雑誌」という見出しを「漫画専門誌」へと変化させ，初の全国誌化を果たした1978年6・7月号の「特集・大島弓子」からであった。以降，倉田江美，山岸涼子，樹村みのりといった同時期の少女マンガ家の特集を組みつつも，あわせて橋本治，斎藤次郎，村上知彦といった人々によるマンガ評論が掲載されるなど，少女マンガブームに乗る形でマンガ評論・批評がひとつの定番コンテンツとして定着するようになる。その傾向は，79年1月号にて最後の誌名変更となる『ぱふ』へと改題した後も受け継がれ，同年4月号では村上知彦

『だっくす』1977 年 12 月号

『ぱふ』1979 年 1 月号

『ぱふ』1985 年 6 月号

による「まんが月評」のコーナーがスタートしている。

　そして，「なんかその頃が"今"って感じがしたのね。"今"なんかそういうすごいまんがが出てきてるから，"今"ちゃんとうけとめときたいって。そういう感じがあったのね。」（橋本 1985: 23）という評論の書き手の思いを受け止める役割を担うにつれ，当初「何でもいい」（持田 1985: 12）という方針から始まった雑誌は，いつしか作り手，読み手双方にとってマンガをめぐる語りそれ自体と真剣に向き合う場へと変化していくようになる。「橋本治先生の「大矢ちき論」はたいへんおもしろかった。いわれてみると「なるほど」と思うけど，普段はぼんやりとかんじながらも，明確に言葉として言い表せない。結局はわかってないのかもしれないけど，あのように秩序だって説明されると「ああそうか。そうなんだ。実は自分もそうじゃないかと思ってたんだ」などと思ってしまう。早く自分も，感じていることを，自分の言葉で他人に伝えられるようになりたいものだ」[5]という共感を示すものから反論まで，毎号10ページ前後も割かれた読者の感想投稿欄にはマンガ評論・批評への反応が多く含まれていた。

　とりわけ注目に値するのが，『ぱふ』1979年4月号に掲載された「再び漫画評論について」と題した評論記事だ。同記事はあくまで雑誌の一読者に過ぎなかった若者によって投稿された長文のマンガ評論である。だが，掲載後，「お書きになったのを見て，いたく感激し，僕もさっそく原稿用紙20枚位書きなぐったのを投稿してみた」[6]や，「漫画評論のあり方の，一応の総括であり，今後のメルクマールでもあるわけで，ぱふの読者はいっそうフンキせにゃならん」[7]といった他の読者から多くの反応があり，またこうした同世代の批評に感化され，「批評も創造だと思います。マンガを書けない人は批評という作品を，そして，ぱふはその場所を」[8]といった具合に，マンガ評論・批評を

表1　マンガ専門誌の変遷

年代	誌名	見出し	備考
1974～75年	漫画界	なし？	マンガ作品中心の誌面構成
1975～76年	漫波	なし？	依然マンガ作品が誌面の中心を占めるものの，「漫画家訪問」や座談会記事などの読み物のページが徐々に増加し，76年6月号から石森史郎による評論記事「私と漫画と劇画」の連載が始まる。
1976～77年	まんぱコミック	読むほどに愛着のわく漫画雑誌	基本は『漫波』の構成を踏襲した誌面作り。
1977～78年	だっくす	月刊マンガ雑誌	6月号にて全国紙化，その際見出しを「漫画専門誌」へと変更。評論記事も大幅に増え，橋本治，中島梓，斎藤次郎，村上知彦といった人々による評論記事が活発に。読者投稿にも多くのページが割かれるようになる。
1979～81年	ぱふ（第1期）	マンガ専門誌	マンガ作品の掲載量が減り，評論記事やインタビュー記事等の読み物，イベント情報やマンガ単行本の発売日等の一次情報にページが割かれるように。81年1月号にて休刊。
1981～85年	ぱふ（第2期）	マンガ専門誌	81年12月号にて復刊。復刊当初は休刊前と変わらない内容だったが，しだいに少女マンガジャンルに特化した誌面作りとなり，女性読者が多くを占めるようになる。84年1月号から見出しが「まんがファンのための情報誌」へ，8月号から「Magazine for Comic fan」へと変更。
1985～88年	ぱふ	Magazine for Comic fan	85年6月号からA5判からAB判へと判型が変更，ページ数も大幅に減り，一次情報に多くの誌面が割かれるようになる。
1988～96年	ぱふ	まんが情報誌	88年4月号から中綴じから平綴じ形態の製本へと変化。一次情報が中心の誌面作り。5月号から見出しが「マンガ情報誌」へと変更。
1996～2011年	ぱふ	まんが・アニメ・同人誌情報マガジン	96年6月号から見出しが変わるとともに，判型もA4判へと変更。
1998～2002年	別冊ぱふコミック・ファン	マンガ専門誌	かつてのA5判へと回帰し，マンガ評論やマンガ産業に関する特集記事が多く掲載されるとともに，社会的に注目が集まりはじめた「マンガ研究」の分野にもフォーカス。

「ぼくら」のマンガへのひとつの取り組みとして受け止めていこうとする意見まで寄せられた。

　もちろん，すべての読者がマンガ評論・批評の存在を歓迎していたわけではなく，小難しくマンガを論じるのではなく，ただ人気作品を純粋に楽しむだけでよいのではないかとの意見も寄せられていた。しかし同時にそこには，「わかってもらうためには「読んで！わかって！」ではだめなのです。人に理解してもらえるように解説すること。それで立派なまんが評論が成り立つのです」[*9]と，みずからの「マンガの語り」を内省し，批評を通じ他の読者へとコミュニケーションを広げていこうとする意志を表明するものもまた存在していた。

　このように，1970年代までのマンガ専門誌は，「批評」という活字文化的コミュニケーションを読者であるマンガファンも共有することで，マンガへの切実な思いを言語化する場としての支持を獲得していくようになる。それはまさに「マンガを語ること」が新たなマンガへの語りを生成し，そのコミュニケーションを通じて語る同世代の「ぼくら」というマンガを介した連帯を強く実感しうるという，村上らが夢見たマンガファンによるマンガ状況への介入，そして，「ぼくらのメディア」としてマンガを領有していく実践を体現したものにほかならなかった。

「批評」的語りをめぐる戸惑い

　しかし，このような盛り上がりをみせていたにもかかわらず，「批評の場」としてのマンガ専門誌の役割は1980年以降，しだいに翳りを見せはじめるようになる。『ぱふ』においても，79年の後半頃からしだいにマンガ作品やマンガ家へのインタビュー・対談記事が増加し，評論・批評記事に割かれるページ数が減少しはじめる。そのため，読者投稿

欄にも「真剣に漫画を考えようという態度がみられないのです。只，あれもやろうこれもやろうといった感じで，まとまったもの（まとまった漫画批評）ができていないように思えるのです」[*10] とマンガ批評・評論を求める読者の切実な声が散見されるようになっていた。

　編集側でも批評・評論に力を入れることに対し複雑な思いを抱えていた。

　　今まで僕らが，とまどっていたのは，「では一体批評とは何なのか」というかなり根源的な問いかけに対する問いにいまだに明確に答えられないところに，問題点があるのだ。自分たちの好きな作家にあいにいく。「"ぱふ"というのは作家にとってきつい本だよね」といわれる。「"ぱふ"は毒よ」とも。はてさて，ここで僕らは，はたと立ち止まってしまうのだ。僕らはまんがが好きである。だからこういう本を作っている。──が，そこで，まんがをつくっている作家の人たちから，「きつい本だね」と言われる。[*11]

　こうした評論・批評をめぐるマンガ家との間のジレンマは，前年10月号における手塚治虫との対談において，編集部側に強く意識させられていたと考えられる。同号で手塚はマンガ評論に対する意見を求められた際，「今は誰でも，一億総評論家なのよ。でその評論の意味っていうのは批判ですよ。つまり悪口ね。本当にね，悪口言うほど楽なことってないですよ」[*12] と突き放したうえで，マンガ家である「われれ」の側は「けなされた部分に関しては参考にもしないですよ」とマンガを語ることをめぐる"有効性"を一蹴する。とりわけ注目したいのが，「どマニアっていうのも困るのは，これは排他主義なんですよ。

つまり，こちらはいい，いいと言う。そこでやめておけばいいのに，だからこちらではないからそちらはダメだろ言うわけ。新興宗教的ですよ」*13 と，マンガファンによる語りにはらむ閉鎖性を糾弾している点だ。こうしたマンガファンの語りにはらむ閉鎖性への問題意識は，語りの「場」を作り出し，そのシーンを牽引してきた村上知彦も少なからず共有していた。80年代初頭のマンガ読者について論じた文章のなかで村上は，自身の後続世代である「かれら」が「ぼくら」の延長線上にいることを明確に意識しつつ，その「うさんくささ」を，「他人の言葉をていねいに聞こうとせず，自分の言いたいことばかりをくり返す上っすべりな会話。人間同士が会話を交わし，お互いを理解し合おうとしているというより，情報だけが行き交うさまを見ているような気さえしてくる」（村上 1980: 65）と若い世代のマニア読者たちによるマンガの「語り」に対し批判を投げかけた。

　同世代の「ぼくら」の旗手たる村上による，すぐ下の世代のマンガファンとの断絶を強調した「若者論」の提起。宮本大人は，この時期の批評を介した「ぼくら」の連帯の困難とその80年前後を境にした急速な衰退の原因について，「自らのコトバが「有効」に機能しえていないように見える局面が続いたとき，自らの存在価値をほかに見出し得ないために，コトバを発することへの無力感，または焦燥感が，驚くべき早さで蔓延したのではないかと考えることは可能である。また，あまりにも目先の「有効性」を重んじた結果として，実際に自らの仕事が有効であり得る範囲だけを相手に，批評のコトバが発せられていってしまう閉鎖性も，この時期のマンガ批評には，はらまれていた」（宮本 2001: 92）と述べる。実際，先の手塚が批判したようなマスメディアたるマンガを介した作者―読者間の「コミュニケーション」がどこまでも幻想でしかありえないという諦観はこの時期のマンガファンも

しだいに抱くようになっていた。

　　マンガ家は職業であり，マンガは商品なんです。マイナーで
　　あろうがメジャーであろうが出版社は企業であり，それはあ
　　くまで指向なんです。（中略）しかし，マンガはけっして，コ
　　ミュニケーションの媒体とはなり得ないんです。読者の話題
　　にはなるでしょうが，作者と読者の間には何らの疎通もあり
　　得ないのだから。（中略）結局，マンガについての批評とか，こ
　　れはよいマンガだ，ワルイマンガだとかいうのは嗜好論にす
　　ぎないんです* 14

　上記の言説からは，いかに〈ぼくら〉の感性に準じた語りを批評・評
論の形に発展させようとも，産業的にも文化的にも巨大化した80年
代初頭のマンガ状況において，それがけっして自分たちの外部にある
作者や出版社を突き動かすほどの“有効性”をもつまでにはいたらず，
またそうであるがゆえにみずからの紡ぐ「批評」なるものがどこまで
いっても内輪のおしゃべりに終始してしまう状況に直面してしまった
こともまた，マンガファンの批評・評論へのモチベーションを下げる
要因になっていたことをみてとれる。

　その後，『ぱふ』は1981年1月号を最後に一度休刊し，1981年12月
号で復刊後，『ぱふ』と『ふゅーじょんぷろだくと』（後に『Comic Box』
へと改題）へと分裂する。分裂当初こそ両誌とも充実した内容の批評・
評論の掲載を切望する声がみられたものの，しだいに「僕は好きなも
のは好きでしかない。理由なんか考えたくもない。だってそうだろ。
たかがマンガだぜ」* 15や「何がすばらしいかは僕たちが決めることで
あって，彼らにおしえられることじゃないし，だれが何をすばらしい

と言おうが，どうでもいいことではないか」*16 といった批評・評論の記事に反感を示す読者の声が散見されるようになる。

マンガ批評の専門化と批評的語りからの離脱

だが，こうしたマンガファンと批評との分離を考えるうえでは，たんに受け手側の「批評」という語りの形式への不信感や忌避感だけでなく，この時期のマンガ専門誌におけるマンガ批評それ自体の変質にも目を向ける必要がある。とりわけ注目したいのが，『Comic Box』誌上にてマンガ評論家としてのキャリアを本格的にスタートさせることになった大塚英志の存在だ。大塚は，「少なくともぼくは同人誌やまんがに複数形の主語を使って幻想のコミューンを気軽に夢見てしまう幸福な世代には属していないつもりだ」（大塚 1982: 60）と自分と村上らの世代との断絶を表明したうえで，「アジテーションは「ぼくら」という，あるいは「三流劇画全共闘」という甘やかな幻想の共同戦線を作り出せても，結局，〈まんが〉について何ひとつ明らかにできなかった（中略）「分析的な批評」をぼくが選択する理由はそれ一つであろう」（大塚 1983: 151）と自身の取り組むマンガ批評のあり方を明示的に示す。

ここで重要なのは，後に「必ずしもまんがの現役の読者に向けて書かれたものではない」（大塚 1987: 283）と自身で明言するように，大塚が言うところの「分析的な批評」は，必ずしもマンガファンである「ぼくら」に向けて発せられたものではなく，限りなく「読み物」として完結した文章を志向していた点である。それゆえ，大塚の批評は，後の代表的な議論である「物語消費論」にいたるまでの数々のマンガ商品論や，「少女民俗学」などに結実する民俗学的視点からのマンガ作品論など，「「作者―読者間における〈まんが〉の意味」以外の意味」（大塚

1992: 24）を，消費社会論をはじめとする学術的視点を交えながら模索していくものだった。だが，言い換えればそれは「マンガ批評・評論」がひとつの文芸ジャンルとして自律するとともに，その語りが成立する条件により高い専門性・分析能力が求められるということでもある。また同時にこうしたマンガ批評の高度化は，一マンガ読者でしかない多くのマンガファンがいくら「批評っぽい」文章を投稿しようとも，どこまでいっても「意見」や「感想」の域を出ないことをも暗に意味していた。

それゆえ，マンガ専門誌に求められる役割も必然的に変わっていくようになる。「編集サイドの好き嫌いをもっともらしい理屈でデコレートして押しつけられたりしない，純粋な"情報誌"としてのマンガ専門誌を望みたい所だったりします」*17 という読者からの要望もふまえ，『ぱふ』『Comic Box』の双方において，80年代半ば以降，批評・評論記事よりもマンガやこれまでマンガ専門誌の対象外として位置づけられてきたアニメも含めた第一次情報の充実に力が入れられていくようになる。こうした方針転換は雑誌の見出しにも反映され，『ふゅーじょんぷろだくと』は『Comic Box』に改題後に見出しを「コミック情報」とし，『ぱふ』も83年までは従来どおりの「マンガ専門誌」を銘打っていたものの，その後見出しが変わりつづけ，84年に「まんがファンのための情報誌」，85年に「Magazine for Comic fan」，そして，88年から「まんが情報誌」へと変化していった（表1）*18。

こうして1970年代半ばから1980年代初頭を通じて熱く盛り上がった，マンガファンによる批評・評論を通じたマンガへの切実な思いの言語化の実践，ならびに「ぼくらのメディア」としての領有の試みは終焉を迎える。90年代を目前にして，「マンガ情報誌」と化したマンガ専門誌に，「マンガを，単なる社会風俗ととらえるのではなく，マン

ガとして語ること，一つのメディア・文化として考えること」[* 19]を訴えかけるマンガファンの語りはもはや目にすることはできなくなっていった。それと入れ替わるかのように，1985年に『夏目房之介の漫画学』，1986年には呉智英『現代マンガの全体像』，1987年には大塚英志『まんがの構造』がそれぞれ刊行され，「マンガ評論」がひとつの文芸ジャンルとして一般的な認知を獲得するようになっていく。

4 「マンガを語る若者」のゆくえ

「批評」から「共感」の場へ

1990年代に入り，批評・評論というマンガをめぐる語りの形式と若いマンガファンとの乖離はよりいっそう大きくなる。1993年に刊行された宮台真司らによる『サブカルチャー神話解体』をはじめとした社会学，なかでもカルチュラルスタディーズや文化社会学によるサブカルチャー研究，メディア文化研究の盛り上がりを背景に，アカデミックな領域においてこれまで以上にマンガ論は活況を呈するようになる。また，1992年の夏目房之介『手塚治虫はどこにいる』，1994年の四方田犬彦『漫画原論』，そして1995年の『別冊宝島EX　マンガの読み方』といった一連の著作に代表される，「客観的」なマンガ分析の枠組みとしての「マンガ表現論」とそれに依拠した言説群がマンガ批評・評論の代表性を帯びるようになる。だがそれは，「わたし」というただの一マンガファンから批評・評論という語りが身近なものではなくなっていくとともに，そうした語りを共有する機会を喪失していくことをも暗に意味していた。マンガ専門誌・情報誌においても批評・評論に関する記事は目にみえて激減していくようになる[* 20]。他方で，この時期はマンガ専門誌・情報誌の存在意義が問われるようにもなっ

ていた。1994年に「まったく新しい本の情報マガジン」を謳った読書情報誌『ダ・ヴィンチ』が創刊され，その他にも『STUDIO VOICE』や『BRUTUS』などの雑誌で定期的にマンガが特集されるなど，90年代以降，コアなマンガファン以外のより一般の読者層をターゲットとしたマンガの一次情報に力を入れる情報誌が数多く創刊・刊行されるようになる。

　こうした状況のなか，『ぱふ』もカラーページや広告ページを増加させた，「情報誌」としての体裁を強めていくようになる。だが，他方でそこでは，「情報誌」でありつつも新たな役割をもった“専門誌”としての性格を獲得していく変化も生じていた。それが「女性向けマンガ同人誌ファンに特化した情報誌」という方向性である。81年の分裂以降，徐々に女性読者を意識した誌面作りへと方針転換した結果，以前は約半数を占めていた男性読者の割合は1986年には約3割まで減少し，その後も数を減らしつづけ，89年には1割を切るまでになっていた[21]。それにともない，読者投稿欄の様相もそれまでと大きく一変する。80年代後半からの『キャプテン翼』『聖闘士星矢』ブームを契機に，「私は決心したっ！コミケに行こう。C翼本を買い漁るんだ」[22]や「私も今年からC翼ファンになり，自分でも同人誌作ってみようかと思ってます」[23]といった女性読者を中心に同人誌活動やコミックマーケット体験の話題が多数派を占めるようになる。またそれと関連して，「公共の場所で（学校，電車等）でっかい声で小次受だの，紫龍受だのって話すのだけはやめてほしいの」[24]という語りに象徴的[25]な「やおい」趣味に関するトピックが多く散見されるようになる。そのためこの時期の『ぱふ』は，「私みたいに「恥ずかしい」と思っている人，他にもたくさんいらっしゃると思います。でも，変にかくすのは後悔の素ですよ!!」[26]といった投稿にもみてとれるように，日常のなかでおたく趣

『ぱふ』1995年7月号　　　　　　　　　『ぱふ』2000年2月号

味ややおい・BL趣味を公言できない女性マンガファンにとっての貴重なコミュニケーションの場となっていた。

　同誌のこのような特定ジャンルのファンのための語りの場という性格は，90年代以降より顕著になっていくが，興味深いのはその結果として，しだいに“非－若者”のマンガファンの投稿が目立つようになっていった点である。「いい年こいて「幽遊」にはまっていたのは私だけじゃなかったのですね。こんなにも一つのまんがに夢中になってしまうとは，自分でも思ってなかったのですが，もう病的であります。(中略) 自分の年齢を考えるとすっごく恥ずかしいのですが，サントラまで聴き入ってた」[*27] や，「私は最近また同人業界に足をつっこんだ一主婦です。私の主人も○○さんの彼氏と同じように同人活動をイヤがり，“オタク”と思い込んでいるようだったので，私は同人活動のことは内緒にしていました」[*28] など，学生に加え，主婦という肩書をもつ読者や30代から40代ぐらいのより年齢層の高い読者によるマンガへの熱い思いや自身の同人活動をめぐる悩みの告白などが寄せられるようになる。

　マンガ評論家の米沢嘉博は，90年代のマンガ読者の特性を分析するなかで，80年代以降のマンガ読者の間でマンガの同時代性や共通のメディア体験という文脈が成立しなくなった点を指摘しつつ，逆に世代性に還元されない「趣味嗜好，体験によるグループ化へ向かわせており，独自のネットワークが生まれている」と述べる (米沢 1997: 43)。80年代後半から90年代にかけての『ぱふ』の「情報誌」化への歩みも，まさに「ぼくらのマンガ」というメディアの世代的領有 (とそのための批評) よりも特定の趣味嗜好を共有し合える仲間を求めるようになったマンガファンの変質をふまえた，別の形の〈マンガ専門誌〉の模索にほかならなかった。言うなればそれは，同世代の「ぼくら」から同

趣味の「わたしたち」への複数形の主語の移行であり，「批評」から「共感」という語りの形式の変化に対応していく過程であった。

批評的語りの変質と「マンガ専門誌」の終焉

　では，マンガファンによる「批評」という語りの言語実践は完全に消え去ってしまったのだろうか。1998年，『ぱふ』を発行する雑草社は，「別冊ぱふ」という派生誌の形で，再度「まんが専門誌」の名を冠した『コミック・ファン』を創刊する。創刊当初は既存のマンガ情報誌同様，有名マンガ家やマンガ編集者，マンガ関連産業に従事する人々へのインタビューがメインコンテンツとなっていたが，2000年2月刊行の第7号巻頭特集「検証 まんが界の問題点」を皮切りに，以降，「インターネットで変わるまんが生活」(8号)，「「マンガ」を研究する人たち」(12号)，「世界のMANGA事情」(16号) など，現在のマンガ研究において議論されるような専門的な話題が頻繁に取り上げられる評論記事重視の雑誌となる。

　とりわけ注目に値するのが，「CF読者よ，まんがを語れ！」との見出しで始まる，読者からの長文投稿コーナー「まんがライター養成 もってけ原稿料！」である。同コーナーは，まんが評，エッセイ，評論，レポートなど，ジャンルを問わず「まんがに関する文章」を規定の文字数 (1000字〜2000字前後) で募集したものであり，掲載者には原稿料が払われるという企画であった。投稿者も，20代の若者だけでなく，主婦や会社員，マンガ家など世代や属性もばらばらであったが，多い時には100通近くの投稿が寄せられ，掲載される文章もていねいに書かれたマンガ評から実際にマンガ家にインタビューをとりに行ったものまで，読みごたえのある「まんがに関する文章」が毎回編集部の講評とあわせて掲載されていた。ここからは，マンガ論やマンガ研

究の専門性が高まり，また他方でインターネットが一般に普及しはじめサブカルチャーを語る場が広がりをみせた2000年代初頭においても，依然として「「もってけ原稿料」は，すばらしく熱い思いで語っていていいっス！あたいも書けるかのう」*29と，マンガ評論・批評を書きたいという意思と「マンガを真剣に語る場」を切望する若いマンガファンが一定数存在していたことが確認できる。

　同誌の発起人であり初代編集長でもあった（そしてかつて『ぱふ』の一読者でもあった）猪飼幹太はその創刊のコンセプトとして，「情報誌でも評論誌でもガイドブックでも懐古物でもない方法論で，「まんがを語る」雑誌」，「「あらゆる人々の，あらゆるまんがへの想いをすべて吸収できるような」雑誌」を標榜していたことを振り返りつつ，「まんがについて語る」ことについてつぎのような心情を吐露する。

　　ぼくは誰かがまんがについて語っているのを読むのがとても好きなのである。（中略）かつて「まんが評論」の持つ意味や役割を巡っての議論があったが，それぞれの書き手の立場には大きなちがいが見られた。まんが文化のため，まんが業界のため，やっぱりまんが読者のため…それぞれのスタンスは異なっていた。ぼくは，結局は自分自身のためにまんがについて語ってきたような気がする。自分が受けた感動の破片だけでも定着させたくて書き，他人の感動を少しでもわけてもらいたくて読む。まんがについて，その感動について語っているとき，誰かの感動をわけてもらっているとき，いつだってぼくは少しずつ救われていた。問題は，ぼくは幸せだったが，それを読まされる読者は幸せだったのか，ということだ──
　　（猪飼 1999: 3）

ここにはマンガ専門誌においてこれまで積み重ねられてきた"マンガファンによる「マンガについて語ること」"の帰結をみてとれる。マンガ状況に読者の側から主体的に参加し働きかけていく「有効性」の手立てとしてや，「ぼくらのメディア」としての領有の手段としてはもはや機能し得なくなった"マンガファンによるマンガ評論・批評"は，その目標を「誰か・何か」よりもなかば自己満足として「わたし」に向けざるを得ない。そして，そのように「自分のため」であることを目的にする以上，その「まんがについての語り」はつねに「わたし」以外の「誰か」を明確には想定しえないものとなる。それゆえ，上記の言説において問題となっているのは，「語る内容」それ自体よりも「語り」という行為そのものとマンガファンとの関係についての反省の意識であり，より厳密には1970年代までのマンガ専門誌上で暗黙のうちに機能しえたマンガ評論・批評の形で「マンガについて語ること」が「マンガファンのマンガへの熱い関わり」になりうるという自明な共通項の喪失であったと言えよう。

　ここに，現在のマンガファンが「マンガへの熱い思い」を評論・批評という形によって実践していくことの困難の一端を垣間見ることができる。それはたんに評論・批評という営みが敬遠されているという話ではなく，そもそもマンガについての批評的な語りの先にその営みを理解・共有しうる「ぼくら」というマンガファンの存在を見出すことの困難と，そうであるがゆえに生じる批評的な語りの必要性をめぐる戸惑いである。少なくとも2000年代初頭には，マンガファンによるマンガ評論・批評の場はもはや「読者の批評」として自然に成立するものではなくなった。だからこそ『コミック・ファン』の投稿コーナーでは，批評としての語りを存続させていくうえで「まんがライター養

成」という形式的な名目が（それを本気で目指す人がいるかは別として）設定される必要があった。

　また他方で，このような送り手側の逡巡や熱心な「マンガファン」であることの証左としてのマンガ評論・批評という共通項の喪失のなかにあって，それでも同誌の読者が意欲的にマンガ評論・批評を投稿していたことは現在の地点からみても示唆的である。マンガについて熱く語らなくてもマンガファンであるという自己認識を容易に得られるようになった時代において，それでもなおマンガ専門誌というアナログな媒体に長文のマンガ評論・批評を投稿するという営みからは，そもそも何をもってして自身を「マンガファン」と言い切ることができるか，という「熱烈なマンガファンであること」の根拠や寄る辺をどこかに見出そうとする欲望が，この時期急速に一部のマンガファンの間で膨らんでいたとも考えられるからだ。それはまさに"マンガファン"なるものの輪郭が不明瞭で捉えづらくなっている現在を一足先に予見していたかのようでもある。

　その後，『コミック・ファン』は2002年の16号で休刊となり，同年には『Comic Box』誌も20年の刊行に幕を閉じている。一方，本誌の『ぱふ』は2010年以降まで刊行を続けたものの，雑草社が倒産したことを受け，2011年に多くの読者やファンに惜しまれながら休刊にいたる。こうして1960年代から長く続いた「マンガ専門誌」というメディアとマンガファンの若者たちの関わりは姿を消すことになった。若者の「ロック語り」の場として同じような誕生経緯や役割を担った音楽雑誌である『ロッキング・オン』などと比較するなら，マンガ専門誌は同時期の若年マンガ読者層全体やマンガファンを自認する若者たちの間にあってもきわめてマイナーな存在であったことは否めない。それでもそこは，マンガやアニメなどのメディア文化が「オタク趣味」と

いう枠組みへと収斂していくなかにあって，最後まで若者たちが「マンガファンであることの正統性」を自問自答する場でありつづけたことは確かである。それゆえ，マンガ専門誌とは「マンガを読む若者」や「マンガを描く若者」だけでなく，「マンガを語る若者」を生み出しつづけてきたメディアでもあった。言うなれば，マンガが「若者文化」と呼ばれなくなっていくなかで，皮肉にも唯一残ってしまった「ぼくらのメディア」だったのである。

5　「ぼくらのメディア」なき時代の "若者文化"のゆくえ

　2000年代半ば以降，マンガファンにとっての「マンガを語る場」は完全にインターネット空間に移行する。ブログや「2ちゃんねる」（現「5ちゃんねる」）上の各種マンガに関連したスレッドに始まり，2010年代以降はFacebookやTwitterなどのSNSやYouTubeやnoteといったソーシャルメディアが「マンガを語る場」の主流となっていった。

　とはいえ，インターネット上の言説空間がかつてのマンガ専門誌に代わる「マンガを熱く語る場」になりえているかについては疑問の余地が残る。冒頭でも触れたように，確かに特定の作品に対するファンの「熱い」語りがTwitterなどに毎日投稿され，時には「トレンド」として小さな話題を生み出すことはある。だが，これらの「語り」の場は誰しもが容易に語ることができる中立性を特徴とするがゆえに，「熱く語る」ことも「洗練して語る」ことも特段求められない場所でもある。さまざまなトピックが並立するインターネット上の言論プラットフォームは「マンガを語れる場」ではあっても「マンガを語るための場」ではない。またそうであるがゆえに，そこはマンガファン全体の

なかにおいてはごく一部でしかない「ぼくら」というコアなファンが占有する場にはなりえず，マンガとの関わりの程度を問われない，多種多様な「マンガファン」のあり方を許容する空間となっている。それゆえ，現在のインターネット上に点在するマンガを語る場は，かつてのマンガ専門誌に代表される雑誌メディア特有の，コアなファンによる「マンガに対する高い感度や感性を確認しあう場」や「わかる人だけがわかればよい」とするような閉鎖的な言論空間を相対化し，マンガをめぐる語りの容易さと自由度を高めたともいえるだろう。

　だが，同時にその「自由さ」ないし「容易さ」は逆説的にそこに映し出される「語り」の連なりのなかから「コアなマンガファン」であるという自意識を獲得しにくいことをも暗に意味している。いくら自分の好きな作品や作家に関する特定のハッシュタグを追うことで「同好の士」をみつけたり，そこから「マンガを熱く語る」営みに参与していったとしても，いまやその語りの"熱量"を「コアなマンガファン」であることの明確な証左とみなすことには困難がともなう。「何をどのように語ればマンガについてうまく語ったことになるのか」，また，「マンガについて熱く語るとはどういうことか」が語り手の側に問われることのないインターネット上の言論空間（とりわけSNS上）では，当然ながらその語り手を「コアなマンガファン」とみなしうる明確な基準が不在だからだ。それゆえ，そのような場においては「語り」そのものもより自己目的化の度合いを強めざるを得ない。音楽情報誌『ロッキング・オン』における「音楽語り」の変遷について研究した長崎励朗は，現在の青年雑誌メディアの衰退の背景について，情報過多による「語り」の「余白」の喪失をあげながら，「自分語り」のツールとして趣味を活用することの現在的困難とそこから自身の好きなものについて語ることで他者とつながることから撤退していく現在の若者のあり方

をみてとる（長崎 2015）。長崎の議論は，現在のマンガファンとその語りの様相においても多くの部分で重なり合う。確かに，かつては遠い存在だったマンガ家にダイレクトにつながることができ，同じ趣味嗜好や語りのスタイルを共有する人間だけでお互いがいかなる「マンガファン」であるかを問うことなく「共感」できる言説空間を獲得したSNS環境下の多種多様な水準のマンガファンのあり方からは，一見して他者とのつながりからの撤退は感じにくいかもしれない。しかし，Twitterに自身のマンガに対する熱い思いをつぶやく時，結果的に誰かとつながりが生じることはあるかもしれないが，その語りを向ける「誰か」や「われわれ」をいまや明確に念頭に置くことは難しい。多くのSNSが「投稿」と称した独話型のコミュニケーション様式を情報発信の標準としていることからも明らかなように，そこで紡がれる語りは前提として誰かとつながることを最初から指向しない「私が語りたい語り」であり，またそうであるがゆえに語り手は「マンガファン」という趣味的共同体の一員としてではなく，より剝き出しの個人へとなかば強制的に位置づけられることになる。あるいは，「＃○○好きとつながりたい」といったようなハッシュタグを用いて同じ趣味嗜好を共有する他者とのつながりを希求する語りにおいてですら，より効率的かつ直接的に自分の詳細な趣味嗜好を検索・共有できるSNS環境では最初から異なる考えや嗜好をもつ他者との対話の回路が絶たれた同質的な語りにもとづく「共感」が優先され，「マンガファン」というより大きな趣味的つながりは後退せざるを得ない。したがって，その営みがいくら日常的に多く目にとまるものであろうとも，そこからマンガというメディアをめぐる特定の世代的な特性や枠組みを見出すことはやはり困難である。

　本書冒頭で提起した「若者文化としてのマンガ」を現在想起するこ

との困難さとは，まさにこのような「マンガを語る若者」像を構築することの不確実性に求められる。それは若者による特定のメディアと自身との関係を他者との関わりから反省的に捉え返すような言説実践を可能にする場の不在であり，すなわち「ぼくら」を意識させる場の喪失であるともいえよう。その意味でかつてのマンガ専門誌とは，本来年齢区分が不明瞭なメディアに「若者文化」という意味を付与する役割を担ったメディアでもあったのだ。もちろん，ライトなファン層を含め多種多様な水準の傾倒度をもつ人々で構成されるマンガファン全体のなかにあって，かつてマンガ専門誌に集ったファンたちはきわめて限定的なコアなファンであり，また彼らが紡いだマンガ批評自体も特殊な営みであったことは否めない。だが他方で，その“極端さ”，“先鋭さ”こそがマンガを「若者文化」として可視化する一助を担っていったこともまた確かな事実である。では，さまざまなメディアを収斂させ，その境界を溶解させつづけている現在のデジタル環境において，同様の役割を生み出すことは果たして可能なのだろうか。マンガに限らず，今後メディアから「若者文化」を見出す試みとは，まさにこうした課題に向き合うことにほかならないだろう。

註

＊1——青少年研究会，2016，「都市住民の生活と意識に関する世代間比較調査」単純集計結果（16 〜 29歳）を参照。

＊2——難波功士は少女マンガ雑誌に焦点をあてながら，各時代の主要な雑誌において「少女」というカテゴリーがいかに構築されたかを，各雑誌のメディア的特徴と当時の女性読者による投稿欄の言説を分析することから明らかにしようとした。また，金田淳子は，女性向け同人誌コミュニティを事例に，そこで展開されるジェンダー規範との関係にもとづくテクストの読み替えや，同人誌上という「場」をめぐる文化資本の駆け引きから，「やおい」という解釈共同体に固有の編成規則を明らかにしてい

る。

＊3——1978年に雑誌『総評』に掲載された「それでもあなたはお好き？——少年マンガ誌にみる退行現象」と題した稲葉三千男によるマンガ批判をめぐり，評論家の津村喬との間で生じたマンガ論争もまたこうした「若者」と「メディア論」の枠組みにもとづいた一種のマンガ論として理解できる。論争の詳細については，小山昌宏（2007）を参照。

＊4——「チャンネル・ゼロ」『だっくす』1977年12月号 p.109，男性17歳。

＊5——「voice to voice」『ぱふ』1979年6月号 p.188，「自分の言葉で伝えたい」21歳女性。

＊6——「voice to voice」『ぱふ』1979年6月号 p.193，「なぜ今「マンガ」なのか」27歳男性。

＊7——「voice to voice」『ぱふ』1979年6月号 p.193，「『再びマンガ評論について』について」16歳男性。

＊8——「voice to voice」『ぱふ』1979年7月号 p.219，「作品としての批評を」18歳男性。

＊9——「voice to voice」『ぱふ』1979年6月号 p.187，「まんが評論の成立条件」20歳男性。

＊10——「voice to voice」『ぱふ』1980年8月号 p.191-192，タイトル不詳・15歳女性。

＊11——『ぱふ』1980年8月号 p.194。

＊12——「interview 手塚治虫　珈琲と紅茶と深夜まで…」『ぱふ』1979年10月号 p.66。

＊13——「interview 手塚治虫　珈琲と紅茶と深夜まで…」『ぱふ』1979年10月号 p.66。

＊14——「voice to voice」『ぱふ』1980年11月号 p.145，「マンガは商品だ」18歳男性。

＊15——「おしゃべり階段」『ぱふ』1981年1月号 p.101，「好きなものは好きなんだ」男性。

＊16——「VOICE TO VOICE」『Comic Box』1984年10月号 p.254，「閉鎖的な価値感でマンガを論じるな」19歳男性。

＊17——「おしゃべり階段」『ぱふ』1983年6月号 p.167，「結局はマニア偏向の結果」男性19歳。

＊18——1985年の6月号からは版型をB6判へとリニューアルするとともに，より情報誌としての側面を前面に押し出していくようになる。

＊19——「再び漫画評論について」『ぱふ』1979年4月号 p.137，熊木洋太。

＊20——『Comic Box』誌では引きつづき批評コンテンツも盛んに掲載されたが，それは送り手と受け手が一体となった批評実践というよりは，この時期増加した新たなマ

ンガ評論の担い手の場という意味合いが強いものだった。

＊21── 読者の男女比に関しては，毎年度同誌4月号にて実施されていた「まんがベストテン」の読者投票のデータを参照。

＊22──「おしゃべりかいだん」『ぱふ』1987年3月 p.59，タイトル不詳・年齢不詳女性。

＊23──「おしゃべりかいだん」『ぱふ』1987年10月号 p.60，タイトル不詳・年齢不詳女性。

＊24──「おしゃべりかいだん」『ぱふ』1987年10月号 p.60，タイトル不詳・年齢不詳女性。

＊25──「○受」はボーイズラブ（BL）ジャンルにおけるカップルの関係性を表現する用語である「受け」を意味。

＊26──「おしゃべりかいだん」『ぱふ』1988年3月号 p.59，タイトル不詳・年齢不詳女性。

＊27──「おしゃべりかいだん」『ぱふ』1995年1月号 p.123，「コクハク…（笑）」年齢不詳女性。

＊28──「おしゃべりかいだん」『ぱふ』1996年1月号 p.118，「イヤな思いを…」24歳女性。

＊29──「読者の手帖」『コミック・ファン』1999年6号: 127，タイトル不詳・21歳性別不詳。

参考文献

猪飼幹太，1999，「「まんがについて語る」ということ」『コミック・ファン』1999年6号: 3.

池上賢，2013，「マンガを読むという経験──マンガテクストの解釈手続きにみる理解の達成」『マンガジャンル・スタディーズ』臨川書店.

石田佐恵子，2007，「世代文化論の困難──文化研究における「メディアの共通経験」分析の可能性」『フォーラム現代社会学』6.

瓜生吉則，1998，「『マンガ論』の系譜学」『東京大学社会情報研究所紀要』56: 135-153.

───，2005，「読者共同体の想像／創造──あるいは，『ぼくらのマンガ』の起源について」北田暁大・野上元・水溜真由美編『カルチュラル・ポリティクス1960/70』せりか書房: 114-134.

大塚英志, 1982,「同人誌時評①　ささやかな所信表明」『Comic Box』9月号: 60.

————, 1983,「花都悠紀子論——〈境界〉をめぐって」『Comic Box』1月号: 151-153.

————, 1987,『まんがの構造——商品・テキスト・現象』弓立社.

————, [1988]1992,『システムと儀式』筑摩書房

大山昌彦, 2012,「若者サブカルチャーの脱世代化と地域化に伴う変容」小谷敏・土井隆義・芳賀学・浅野智彦編『〈若者の現在〉文化』日本図書センター.

金田淳子, 2007,「同人誌という領域」佐藤健二・吉見俊哉編『文化の社会学』有斐閣: 164-190.

小山昌宏, 2007,『戦後「日本マンガ」論争史』現代書館.

長崎励朗, 2015,「『ロッキング・オン』——音楽に託した「自分語り」の盛衰」佐藤卓己編『青年と雑誌の黄金時代——若者はなぜそれを読んでいたのか』岩波書店.

中野収, 1980,「媒体としての漫画」『青年心理』19: 104-110.

難波功士, 2001,「「少女」という読者」宮原浩二郎・荻野昌弘編『マンガの社会学』世界思想社: 188-218.

橋本治, 1985,「インタビュー・橋本治」『ぱふ』5月号.

堀あきこ, 2009,『欲望のコード——マンガにみるセクシュアリティの男女差』臨川書店.

宮本大人, 2001,「昭和50年代のマンガ批評, その仕事と場所」『立命館言語文化研究』13(1): 83-94.

村上知彦, 1979a,『黄昏通信——同時代まんがのために』ブロンズ社.

————, 1979b,「すみやかに, そしてゆるやかに——まんがの可能性へのぼくらの歩み」『別冊宝島⑬　マンガ論争！』.

————, 1980,「まんが状況の中の青年像——読者論の試み」『青年心理』19: 59-67.

————, 2010,「一九七〇年代のまんが——「越境」するメディアへ」大城房美・一木順・本浜秀彦編『マンガは越境する！』世界思想社.

持田幸雄, 1985,「インタビュー・持田幸雄」『ぱふ』5月号.

米沢嘉博, 1997,「マンガ読者論」朝日新聞社編『コミック学のみかた。』: 42-43.

第 5 章

〈にわか〉としての若者，若者とみなされる〈にわか〉
——パブリック・ビューイングを題材に

立石祥子 *Tateishi Shoko*

1　競技場から街なかへ

　本章では，「パブリック・ビューイング」と呼ばれるテレビ中継の集団視聴イベントを題材として取り上げる。こうしたイベントに集まる人々は，放送される番組の内容——ここではサッカーのワールドカップ（以下，W杯）——のファンとみなされがちであり，さらに言えば，ファンとみなされるからこそ，参加者が期待されるファンとしての行動をとらないことによって批判されることもある。他方で，コンテンツ目当てではない参加者が混じったパブリック・ビューイングの雰囲気が好意的に報じられる場合もある。

　こうした状況をめぐって，公共空間でのイベントにあらわれるファンではない多様な参加者を，本章では〈にわか〉と呼んで着目する。〈にわか〉という言葉は，「にわか雨」や「にわか仕事」といった言い回しにあらわれるように，「急な」という意味がある。人に対して用いられる時には，物事に対して急ごしらえで，うわべだけの未熟な人物といったような，否定的な意味合いがある。

　2002年に行われた日韓共催サッカーW杯では，〈にわか〉が公共空間にあふれ，その存在が話題になった。そして〈にわか〉に関するメディアの報道は，2019年のラグビーW杯にともなって再び増加し，「にわかファン」が2019年の新語・流行語大賞30選にノミネートされた。2002年には一時的にブームに乗っているだけのファンとして，みずからを指す言葉としては自虐を含み，他人を指す言葉としては揶揄のニュアンスがあった〈にわか〉という言葉が，2019年には好意的な使われ方に転じているのである[*1]。日本のラグビーW杯の盛り上がりに言及するなかで「Niwaka fans」を取り上げる外国紙も登場するな

ど，〈にわか〉は国家的イベントに欠かせない存在として注目されていく[2]。大手会計事務所のEY JapanはラグビーW杯のレポートのなかで，大会前にラグビーをまったくあるいはほとんど見たことがなかった人が，調査した観戦者の75％を占めていたことから，にわかファンを大会のキーパーソンとして取り上げている[3]。ショーやグッズに力を入れ，にわかファンを抱え込むことで，イベント全体としての売り上げを伸ばすことができるというわけだ。

公共空間が商業利用のためにひらかれ，パブリック・ビューイングもまた商品として洗練されていくなかで，〈にわか〉はますます重要な顧客となり，いまでは公共的イベントを語るうえで無視できない存在になっているといえよう。

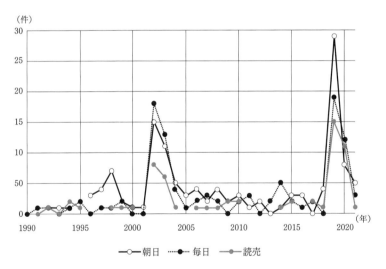

新聞各紙における「にわかファン」の登場頻度

さらに言えば，こうしたイベントに参加する〈にわか〉は，ファンですらないかもしれない。あくまでファンの一形態だと捉えられること

で〈にわか〉は消費者として包括されるが，ファンではないとみなされれば〈にわか〉の肩身は突然狭くなる。消費者におさまらない多様な〈にわか〉が，公共空間において排除されないことの意味とはなんだろうか。本章では，2000年代に登場した，街のなかで見知らぬ人々がともにテレビ中継を視聴するパブリック・ビューイングをみていくことで，〈にわか〉としての若者と，公共空間において〈にわか〉が存在することの重要性を考えてみたい。

2　都市の公共空間と〈にわか〉の接続点

　街のなかを，大勢の人のためのイベント空間として区切る際には，多様性と排他性のせめぎ合いが起こる。遠藤薫 (2004) は，公共性をつぎの三つの意味から捉えている。すなわち，一つは「国家の」「社会全体の」という意味，二つ目は「公開されている (誰もがアクセスできる)」という意味，そして三つ目は「自己と他者 (全体) をつなぐ規範」としての意味である。

　都市の公共空間において，私たちは一つ目の意味によって秩序空間を外部から仕切る。ところが，その区切られた公共空間は，二つ目の意味によって誰にでも開かれているため，内部に他者を招き入れざるをえない。ここで生じる可能性のある葛藤を調停するのが第三であり，自己と他者をつなぐ規範としての公共性であるという (遠藤 2004: 65)。

　2021年に開催された東京五輪の時のパブリック・ビューイングもまた，特定の秩序空間として外部から仕切られる一方で，誰もがアクセスできるように設営がなされた公共空間になるはずであった。そしてイベントが実現していれば，主催者や参加者，道行く人といったさ

まざまな人々が入り混じりながら一つの場としてまとまっていく，多義的な空間になっていたかもしれない。このような葛藤の場としての公共空間で国家的イベントが行われる際，参加者は特定の目的意識をもったファンや特定の世代に限らず，多様なはずである。

　後段で述べるとおり，2000年代の日本でみられた草の根的なパブリック・ビューイングの広がりは，ひとつの目的や属性に集約されない多様性をもっていたと考えられる。「本当のサッカーファン」でもないのに当時大流行したイングランド代表選手のベッカムヘアーを真似する若者や，「本当の愛国者」でもないのに国旗を振ってみる若者の行動は，当時，嘲笑をもって〈にわか〉と呼ばれた。しかし〈にわか〉が当たり前にいる空間こそ，多様な人々が多義的に帰属する受け皿となるのではないか。

　こうした差異が差異のままで共存可能な公共空間は，日本において，あらかじめ特定の場所が相互行為の場として存在しているというよりは，一時的に立ち上がる形で街のなかに登場する。南後由和（2016）は，日本の都市における広場について，ただ相対的に広くひらけた空間がそれだけで広場と呼ばれるのではなく，そこに集まる人間の欲求や行動によって一時的にハレの場へ変換すること，すなわち「広場化」することで出現するとして，そのようなあり方を「日本的広場」と呼んでいる（南後 2016: 73-74）。そのうえで南後は，2002年のサッカーW杯日韓大会において渋谷スクランブル交差点に若者たちが集まり，応援コールを叫んだり，信号機によじのぼったりといった行動を起こしたことに注目している。この出来事は，ふだんは何でもないただの交差点が，若者たちによって一時的に「広場化」するきっかけとなり，その後，サッカーW杯の試合後や年末のカウントダウン，ハロウィンといった機会に，人々が「見る・見られる」ことを意識して集

まるようになったのであるとする（南後 2016: 128）。

　速水健朗もまた，渋谷のスクランブル交差点の役割に注目している[*4]。交差点でサッカーの試合が放送されるわけではない。しかし，2002年に各地で草の根的にパブリック・ビューイングが人々の手によって私設され，街のなかへとその熱気が広がっていった出来事が，公共空間の「広場化」の契機となったといえるかもしれないという。渋谷スクランブル交差点が2002年以降，若者のための場所となっていった経緯は，若者と〈にわか〉の重なりを思い起こさせる。つまり，スクリーンさえ見ない人々がパブリック・ビューイングに入り込み，さらにその雰囲気を区切られた空間の外部にもち出すことで，街全体が〈にわか〉のための空間へと化していくということ，さらにそこがまさに，若者を象徴する場所になっているということだ。

　パブリック・ビューイングに〈にわか〉が登場する意義は，公共空間を一時的に「若者の場」へと変えた点で重要な意味をもつと考えることができる。そこで次節からは，サッカー W 杯を機にテレビ番組の視聴イベントが「パブリック・ビューイング」という共通の名で呼ばれ，社会現象を引き起こした，日本とドイツを事例として取り上げたい。パブリック・ビューイングが日本とドイツにおいてそれぞれどのように計画・実施されたのか，そのなかでどのような若者の行動があったのか，さらにはそれを評者たちはどのようにみていたのかを，2002年と2006年を起点としながらみていこう。

3　2002年，日本

私設パブリック・ビューイングの広がり

　日本でパブリック・ビューイングがみられるようになったのは，日

本のナショナルチームが初出場した1998年のサッカー W 杯フランス大会であったという（長澤 2002: 80）。この視聴イベントが巨大化し，商業化したのが2002年の日韓大会である。まずは，数多くのパブリック・ビューイングが開催された。

まず確認しておきたいのは，FIFA が当時のパブリック・ビューイングを放映権のなかの2次利用に含まれるのかどうかを直前まで明らかにしなかったこともあり，自治体に認可されたイベントも FIFA の主催としてではなく各自治体や各企業，団体または個人の主催として開催されたという点である。したがって，日本における2002年当時のパブリック・ビューイング開催状況については，開催にあたっての一貫したガイドラインやコンセプトがないうえに，その多くが公式イベントとして行われたものではなかった。それどころか，当時，全国で開催された無数の「私設」パブリック・ビューイングは，FIFA と広告代理店および自治体の黙認の了解のうちに開催されることも多かった。

にもかかわらず，パブリック・ビューイングは日本全国で爆発的なブームになり，その名称や視聴形態は広く知られるようになった。1950年代にテレビ受像機の販促として広まった「街頭テレビ」や，従来からある飲食店での常連を中心としたファンのイベントとは異なり，公共の場で，見知らぬ人々が，いつでもどこでも視聴可能なテレビ番組をともに視聴するために集まったのである。

国立競技場，駒場スタジアム，さいたまスーパーアリーナ，横浜国際総合競技場，横浜市大さん橋特設ステージ，豊田スタジアム，大阪ドームなど，大型スクリーンが備わった競技場を利用したパブリック・ビューイングだけでなく，駅前や公民館などの行政施設を利用したイベントも数多く存在した。2002年の日本におけるパブリック・

ビューイングの開催数，参加者数を含めた全体像を把握することは困難だが，当時報じられた新聞記事から，開催状況についてみていきたい。

　W杯開催2カ月前の時点で，パブリック・ビューイングは国内開催10自治体でのみ実施されることになっていた[*5]。2002年日韓大会の放映権は1998年フランス大会の約6倍にあたる1200億円で代理店に売却され，世界のテレビ局に売却されたが，その際に各テレビ局が得る放映権のなかには2次利用権利が含まれていない可能性があった。日本のテレビ局，NHKと民放各局，および「スカイパーフェクTV!」は，約180億円で放送権を獲得したが，2002年大会では，FIFAや代理店を通さなければパブリック・ビューイングを開けない状況であった。自治体は映像の無償提供を求めたが，開催まで7カ月に迫った時点でFIFAからは返答がなかった。この背景には，FIFAが放映権を売却した代理店ISL社が倒産したことで，W杯関連の契約日程が大幅に遅れている事情もあった[*6]。ようやく2002年3月以降，試合開催自治体に限ること，地元での開催試合と日本戦に加え，1試合をオプションで開催できること，1開催地7試合まで，試合中継会場は2カ所まで，1カ所につき収容人数は1000人までといった条件がまとまることになった。

　ところが，これらの条件付き許可は最終的には有名無実化し，実際には日本各地で個人や団体がさまざまな規模のパブリック・ビューイングを公共の場で展開していくことになる。たとえば，駅前広場に有志が巨大スクリーンを設置する例や，各地の商店街で商店の人々が大型スクリーンを調達し，商店街のなかでパブリック・ビューイングを開催する例などがある。個人が私有地であるバーベキュー用の野外広場に74インチの大画面テレビを50万円かけて設置し，パブリック・

ビューイングを行った例もあった[*7]。このイベントでは最終的に約50人が集まり，見知らぬ人同士が抱き合って喜ぶほどの盛況をみせたという。また，多くの中学校や高校で独自の「観戦会」が開かれた。

　他方で，パブリック・ビューイング開催の申請を行った結果，イベント開催がとん挫した市町村・団体もある。ある中学校は，公共施設を利用して大画面を設置して公開イベントのパブリック・ビューイングを企画したが，日本組織委員会に問い合わせた結果，放映権の関係で開催を断念することになったという[*8]。宮城県は直前になってパブリック・ビューイング会場増設をW杯日本組織委員会に交渉したが，認められなかった[*9]。電通がパブリック・ビューイングの開催権を「スカイパーフェクTV!」の映像を使うことを条件に50万円で売ろうとしたところ，自治体が自主的に断念するといった事態も起こった[*10]。一方で，許可をとらずに行われるケースについて，日本組織委員会は黙認を通していた[*11]。つまり，わざわざ開催許可申請をすれば許可されないかもしれないが，無認可で開催してしまえば黙認されるという状況があったと考えられる。

　入場のための方法もさまざまである。横浜市ではパブリック・ビューイング開催を市当局が管理しており，参加にあたっては市当局への往復はがきでの観覧者申し込みが必要であった。一方，豊田スタジアムでのパブリック・ビューイングは入場無料であり，事前予約なども必要なかった。

　現場では，さまざまなハプニングが起きた。たとえば豊田スタジアムは，東海3県で唯一のパブリック・ビューイング会場となったが，2002年6月4日の日本対ベルギー戦では1万2000人が，6月9日の日本対ロシア戦では3万人近い観客が詰めかけた[*12]。問題は6月9日に起こった。試合中継中，日本側のゴールが決まった直後と，日本側の

豊田スタジアムでのパブリック・ビューイング
（2002年6月9日の日本対ロシア戦時，毎日新聞社提供）

勝利で試合が終了した直後の2度にわたって，興奮した観客がピッチに乱入し，芝生の上で花火をあげ，サッカーを始めるという出来事が起こった。この芝生乱入事件が起こった後，予定されていた6月14日の日本対チュニジア戦のパブリック・ビューイングが中止になったことが発表され，以降，日本代表チームが決勝トーナメントに出場を決めた後も，豊田スタジアムでパブリック・ビューイングが行われることはなかった。

　警察が出動する場面もあった。横浜では，パブリック・ビューイング会場となった横浜国際競技場の警備用仮設フェンスを乗り越えた26歳の男性が現行犯逮捕された[*13]。同じくパブリック・ビューイング会場の横浜文化体育館付近では，「ニッポン，ニッポン」と叫んで近くのビルから消火器を持ち出し，消火剤をまきちらした20歳の男性が器物破損の現行犯で逮捕されている[*14]。

　大騒ぎする人々の姿は，ほかにも多く報じられている。たとえば茨城県日立市の総合運動公園体育館で行われたパブリック・ビューイング会場付近では，試合終了後に体育館前の噴水に飛び込む若者の姿がみられた。埼玉県の駒場スタジアムでは，6月9日の試合開始前には整理券を配布する特設テントが大混乱になり，倒れた人が踏みつけられ，つかみ合いのけんかがおきた[*16]。スタジアムの中では，興奮した観客がグラウンドに飛び込んだほか，スタンドで打ち上げ花火が繰り返しあげられた[*17]。その結果，県は6月14日に予定されていたパブリック・ビューイングの中止を決めた。

〈にわか〉バッシングとしての若者批判

　以上，みてきたとおり，2002年のW杯に際しては，パブリック・ビューイングが混乱をきわめた状態で日本各地に広がり，参加者のマ

ナー違反や警察沙汰の大騒ぎなど，非日常的な逸脱行為が繰り返し報道された。そのなかで，参加者が逸脱行為に走る原因は，本当のファンでないという〈にわか〉性に求められた。パブリック・ビューイングの観客にはJリーグファンだけでなく「騒げる場所を求める和製フーリガン化する人」もおり，ふだんのサッカーファンとは「客層が違う」というのである[18]。もし本当にサッカーを愛しているならば，ピッチに降りて芝生を荒らすことはしないし，ましてやスタンドで花火を打ち上げたりはしないだろう。警察沙汰にならずとも，マナー違反を犯すのは，事情を知らないよそ者の行為であり，真のファンでないからに違いない。こうした〈にわか〉批判の意識は，若者世代からも，「純粋に日本代表を応援したいと思っている人が，飲食店で大騒ぎするのだろうか。まして，試合後に交通ルールも守らずに，街ではしゃぎまわる必要があるのだろうか」，「彼らが心から日本代表の勝利を祈っているとは，私の目には映らない」と批判の声があがるほどに浸透していったと考えられる[19]。

　学者や批評家からも多くの批判があった。社会学者の杉本厚夫は，「ただ騒いでいるだけで，試合を見ていないサポーター」たちの騒ぎや喧嘩を，「暴走を余儀なくされた」身体をもてあまし「ただただ，一体感を求めて浮遊している若者たち」によるアナーキー状態と評価し，彼らを「自己完結型『ジャパニーズ・フーリガン』」と評した（杉本2003: 79-81）。若者たちがナショナルチームのレプリカユニフォームを着て集まり，配られた日の丸国旗を無邪気に振る様子は，日本の知識層にナショナリズム高揚と若者たちの暴走の予兆を感じさせたようである。

　同じく社会学者の黒田勇もまた，大阪の街中にあふれた代表ユニフォーム姿の若者たちが日常的なサッカーファンではなく，また彼ら

の叫ぶ「ニッポン」に「われわれ」の感覚もなく，「一時的な仲間との共同性の渦に身を浸す快楽を味わい，それがたまたまW杯であったのかもしれない」と述べている（黒田 2002: 38）。こうした参加者への言及も，若者たちが日本国旗を掲げ「ニッポン」コールをする姿を，「仲間との共同性」に集約することで異質な存在として切り離し，サッカーや日本に対する明確な目的意識のないイベントへの便乗を，一時的な快楽への耽溺と捉えているといえるだろう。

　香山リカは，2002年6月14日，サッカー日本代表がチュニジアに勝ち決勝トーナメントに進出を決めた後，これを喜ぶ若者たちが渋谷の繁華街で花火を打ち上げようとしたり，道頓堀川に900人もが飛び込んだりと大騒ぎをするニュースが伝えられたことに言及した（香山 2002: 16）。そうした人々の姿を，「日本代表の青いユニフォームのレプリカに身を包み，飛び跳ねながら『ニッポン，ニッポン！』と叫び続ける，半ばトランス状態の若者」と捉えている。加えて香山は，評論家である福田和也の言葉から，「文明人の所業ではありません」，「日本人の『土人化』」，「社会全体が暴走している感じ」，「まったく屈託なく，国中が一体となっている」といった言葉を引用して若者を表現している（香山 2002: 16）。自分自身が愛国主義であるという自覚をともなわない愛国的な行動として，2002年のサッカーW杯に際しての若者たちの熱狂が批判されているのである。

　香山リカによる「ぷちナショナリズム症候群」の提唱は，当時の若者を解釈するための処方箋の役割を果たした。たとえば上野俊哉は，若者の「屈託のない」街頭での応援を香山リカが提唱した「ぷちナショ」現象のなかに捉えたうえで，集団視聴にやってくる若者を，「現実からの切断と，現実への同調（差異への不安）」という矛盾した立場を抱えながら「苦し紛れ」に「『分裂』（化）」してしまうのだと批判する

（上野 2003: 12-13）。

　2000年代，若者バッシングは日本のメディアや知識人の間で定番となっていた。浅野智彦は，90年代以降の若者論において肯定的な若者像が大幅に後退したとして，当時の若者バッシングを二通りに分析している。一つ目はフリーター批判やニート批判にみられる経済的な側面の批判であり，二つ目は電車で化粧する若者といった道徳的な側面の批判である。浅野は特に後者に関するネガティヴな語りに関するポイントの一つとして，他者への配慮の欠如と，そこから生じるとされる公共性の衰退をあげている（浅野 2006: 15-16）。

　しかし浅野が指摘するように，ある世代のもつ特徴がことごとくネガティヴなものであるようにみえる事態は，むしろ若者へ目を向ける人々の側にこそ問題があることを示している（浅野 2006: 4-5）。小川豊武 (2016) は，2000年代以降，マスメディアにおける若者言説が，実証的なデータや厳密な定義を行わないまま曖昧かつ強引に若者をカテゴリー化していくことで，ニュースとしての価値を創出していく過程として分析している。パブリック・ビューイングをめぐる状況に照らしてみると，路上での無許可のパブリック・ビューイング開催や，街の往来で大騒ぎする人々，逸脱行為を行って警察に逮捕される人々が，あえて若者とカテゴリー化されたと考えられる。

　パブリック・ビューイングに集まる人々の逸脱行為は，彼らの無邪気さや本来のサッカーファンとは異なるといった評価と同時に報じられることで，ネガティヴな側面が強調される。彼らは本当のサッカーファンや本当の愛国主義者でないにもかかわらず，人前でユニフォームを身に着け，日本国旗を振り，ニッポンコールをする。こうした，にわか参加者による公共空間での態度表明を苦々しく思う人々のために，参加者たちは「若者」とカテゴリー化されていったと考えられる。

4　2006年，ドイツ

組織化されたパブリック・ビューイングの登場

　つぎに，ドイツの事例について考えてみたい。ドイツのパブリック・ビューイングは，2006年のサッカーW杯ドイツ大会を契機として広まり，制度化していった。2006年のドイツにおいては，公共空間における「黒赤金」の氾濫という驚くべき変化が語られてきた。たとえば多くの雑誌や新聞にはつぎのような記事がしばしば掲載されることになった。

　　2006年7月にわれわれはどんなめずらしいものを見たのだろう？　黒・赤・金のタトゥー，ショートパンツ，メイクアップ，そして車にも。われわれの国歌に対するわれわれの態度が崩壊していたことは周知の事実だった。それで，私たちは，ドイツ全土で何を観察したのだ？　ドイツの若者たちは，いまや歌詞を暗記して，手を胸にあて，われわれの国歌を響かせているのだ。(FORCUS 26/2006: 94)

　パブリック・ビューイングでみられたのは，ドイツ国旗の海であった。若い男性だけでなく，年寄や女性たちまでもが，ドイツ国旗のモチーフを身に着け，フェイスペイントをし，ドイツナショナルチームのユニフォームを身に着けていた。道を走る車にはドイツ国旗が取り付けられ，住宅や商店の窓にはドイツ国旗が飾られた。若い人々はスタジアムでの国歌斉唱に合わせて力強く歌い，肩を組んだ。この現象について，クラウス・ハーネイとディーター・H. ユッティン（Harney,

Klaus und Jütting, Dieter H.）は，参加者が身に着けるドイツ国旗の色を政治的意味ではなく交流のためのアイテムとみなしている（Harney und Jütting: 2007）。

　南ドイツ新聞マガジンの2006年12月52号「われらの年間百科事典」特集にて紹介された際，パブリック・ビューイングはつぎのように定義されている。すなわち，「2006年に開催されたワールドカップの際に，公共の場でテレビ番組のスポーツ中継を視聴すること」である[20]。パブリック・ビューイングは，2006年のドイツ大会誘致が決定した後，関連するファンイベントの一環として，一試合のみのスタジアムチケットしかもたない外国からの観光客のために考案された。歩行者天国となった道路や広場，公園のほか，フランクフルト市ではマイン川の中州や河川敷，また特設されたアリーナに巨大なスクリーンが設置された。特別席に料金をとることもあるが，多くの会場は無料で，入口で荷物のチェックを受けるものの，予約なしで入場できる場合も多かった。そのため，イベント前から会場の設営を横目に通学や通勤をしていた人々は，試合中継の日には気軽に立ち寄ってこのイベントを楽しんだ。つまり，外国人観光客だけでなく，地元住民が大勢参加し，会場にはドイツ国旗があふれることになったのである。

　2006年，パブリック・ビューイングはドイツ国内の各都市で開催されたが，なかでも巨大なイベントが開催されたのはベルリンのファンマイレ（Fanmeile）である。ファンマイレという言葉は，文字どおり，ファンのための数マイルの道——すなわちパブリック・ビューイングのための歩行者天国を指している。ブランデンブルク門から戦勝記念塔にいたる「6月17日通り」は空間を区切られ，間隔を置いて巨大なスクリーンが何台も設置され，人々は試合のない時にもダンスなどで楽しんだ。このイベントは入場無料で，出店や屋台で食事をしたり，

ベルリン, ファンマイレでのパブリック・ビューイング
(2006年6月30日の準々決勝時, AP/アフロ提供)

応援グッズを購入することもできる。この時の視聴イベントは，サッカーファンだけが集まるスポーツバーでのテレビ視聴とはまったく異なる出来事として受け止められ，ドイツで社会現象を巻き起こしたのである。

　具体的に2006年のパブリック・ビューイングがどのように組織化されていったのかを，ドイツのスポーツ社会学者ハンス－ユルゲン・シュルケの記録を参照しながら確認してみよう（Schulke 2007: 56-60）。

　ドイツにおいて，パブリック・ビューイングという言葉は，ドイツの各州がスポーツ政策を調整する場である州スポーツ担当大臣連絡協議会の元コーディネーターであったシュルケが提案したとされる[*21]。

　パブリック・ビューイングの企画については，大会開催の4年前からすでに議論が始まっていた。2002年秋に，スポーツ閣僚会議におけるW杯ドイツ大会の作業チームは，組織委員会の事務総長同席のうえで初めてパブリック・ビューイングについて話し合いを行い，その重要性について言及した。2002年11月には，シュルケによって，開催都市におけるパブリック・ビューイングの素描案が提出された。

　2003年初めには，開催都市のひとつであるドルトムントが，パブリック・ビューイングについて準備ができていると表明した。これを皮切りとして，2003年春には，各開催都市はパブリック・ビューイングに関する話し合いと検討を開始した。同時に，放送権をもつテレビ局とFIFAとの交渉も始まった。

　2003年11月には，パブリック・ビューイングにおいて，すべての市民が無料でこのイベントに参加できることが決定された。2004年前半にはテレビ局やFIFAを巻き込んだ調整が続けられ，2004年7月末には公式のパブリック・ビューイング協会がハンブルクに設置され，「スポーツと経済」に関するワークショップおよびマーケティングに

関する議論がハンブルクで行われた。2004年11月のスポーツ閣僚会議においては，W杯ドイツ大会開催に際したパブリック・ビューイングの重要性が強調されるまでになった。

「ここはスタジアムのようだ」というパブリック・ビューイングのモットーも決定した。2005年8月には連邦政府にパブリック・ビューイングおよびファン・フェストに関する経過報告書が提出された。

2005年8月には，パブリック・ビューイング会場の柵設置や安全対策，入場コントロール，監視カメラの設置等が決定され，いよいよパブリック・ビューイングが複数の組織の管理下で形づくられていった。2006年春にはFIFAのスポンサー企業とともにパブリック・ビューングを含むファン・フェストに関するキック・オフ・ミーティングが行われ，とりわけ安全対策の内容が練り上げられた。

以上のような準備過程からもわかるように，2006年ドイツにおいて，パブリック・ビューイングは，コンテンツ提供者としての放送局，場所を提供する市当局，そしてマーケティングをおこなうFIFAと組織委員会というトライアングルのなかに存在していた。その三者が協力することで，大規模なイベントを実現したのである。

他方，ブリッタ・ウーファー (Ufer 2010) によると，「パブリック・ビューイング権 (PV-Rechte)」については，つぎのようになっていた。まず，公式のファン・フェストは，試合が行われる開催都市がFIFAオフィシャルパートナー5社の財政支援を受けて公式に開催している。つぎに，民間企業や公共団体が主催する入場料をとらない非商業的なイベントについては，インフロントに登録する必要はあるものの，ライセンス料を支払う必要はない。一方で，入場料をとるような商用利用を行う場合は，インフロントから使用料を請求される。

このような差別化により，入場料をとらない非商業的なパブリッ

ク・ビューイングのイベントが，開催都市以外の都市の公共空間におい
ても大々的に開催された。それらのイベントは各地で町おこしの役
割も担い，結果としてドイツ全土がパブリック・ビューイングで盛り
上がるにいたった。

〈にわか〉の包括を通じた過去の克服

　ギュンター・A. ピルツは，2006年のサッカー W 杯期間中にドイツ
国内においてサッカーの試合を何らかの形で体験した外国人観光客
およびドイツ人60 カ国1823 人に対して調査を行った。この調査によ
れば，パブリック・ビューイングを含むさまざまな公式イベントに参
加した人々のうち，30歳以下が半数以上を占めている (Pilz 2007: 75)。
多くの若者が参加したにもかかわらず，ドイツにおいては，若者のた
めのイベントとしてではなく，むしろ，若者だけでなくさまざまな人
が参加するイベントとしてパブリック・ビューイングが捉えられた。
シュルケは2006年当初，2006年 W 杯ドイツ大会でのファンマイレに
おいて，懸念されていた政治的便乗者の出現やフーリガンによる破壊
行動などが起こらず，外国人観光客や負けたチームのサポーターとも
友好的な雰囲気を保つことができた点に着目した。そのうえで，この
イベントを「ファンと遊歩者 (フラヌール) の統一としてのパブリック・
ビューイング」と捉えた。「遊歩者 (フラヌール)」とは，ここでは，サッ
カーにくわしく目的意識をもってパブリック・ビューイングへまっ
すぐに向かってきたファンとは異なる人々，言い換えれば〈にわか〉
の存在であるといえる。パブリック・ビューイングにおいては，参加
者はもはや熱狂的なファン層のみで構成されているとは考えにくい。
マーレン・ハートマンは，ファンマイレのなかに，サッカーの試合と
は無関係に，流行のパーティを楽しむためにきた人々が存在すること

を指摘している (Hartmann 2008)。

　ドイツにおけるパブリック・ビューイングは，具体的な数値は不明であるものの，若者と呼ばれる年齢層の参加者が多数を占めていたと考えられるが，ニュースやコメンテーターからさまざまな人が参加した点を強調されたのはなぜだろうか。重要なキーワードは，「外国人」である。外国人からみたドイツイメージの変化，外国人と平和的に過ごすことのできたドイツ人が注目され，繰り返し語られていくのである。たとえば週刊誌『FOCUS』の2006年26号では，「ドイツの素晴らしさ」という特集を組み，パブリック・ビューイングの会場が黒赤金で埋まっている写真を掲載しながらも，ドイツ以外のナショナルチームのユニフォームを着た外国人一人ひとりを同ページに掲載している。「あなたの2006年W杯」という特集には，外国人を中心に路上で楽しむ人々の写真がスクラップブック式に掲載されている。さらに指定されたウェブサイトにアクセスすれば，彼らのW杯を楽しむ写真や動画が閲覧できるとも記載されている[22]。ドイツの国旗は確かに振られたが，それは他の国と同じようになされたにすぎず，ドイツの盛り上がりもそのうちの一つであった，というわけである。つぎのような記事もみられた。

　　2006年の夏の太陽の下で，すべてが違ってみえた。外国人たちは，私たちのいつもの組織能力だけでなく，開放性と親しみやすさにも夢中になったのだ。私たちは最高のホストであり，フーリガンやスキンヘッドのナチどもが綺麗さっぱり写真のなかにいないことに喜びとともに気づいている。[23]

ディーター・H. ユッティン，ダニエル・ショーナート，フローリア

ン・レッケルは，W杯期間前後の12カ国37紙におよぶ外国新聞記事を調査し，2006年前後でのドイツに対して使われている形容詞をリストアップしたうえで，その変化を明らかにした。W杯以前には，「堅実な」「きちんとした」「よく組織された」といった，ドイツのイメージとしてはお決まりの形容詞もあった一方で，「外国人排斥の」「感情的に冷たい」「戦争の」「重い」「卑劣な」といったネガティヴな言葉が多く並んでいた。これに対して，W杯後には，「ださい」「ユーモアのない」といったネガティヴなものはわずかにみられたものの，「ヨーロッパの」「ホスピタリティのある」「公平な」「友好的な」「オープンな」といったこれまでになかった形容詞が大量に登場した。外国紙によるW杯中の報道について，ユッティンらは「国内の雰囲気について，道路や広場での国旗を持った若者の現代的熱狂が報じられていた」(Jütting, Schönert, Reckels 2007: 127) としていることからも，これらの変化が公共空間での人々の熱狂と関連しているとも考えられる。

　さて，多様な参加者像を通じた外国と協調的なドイツ像について，当時政権与党だったキリスト教民主同盟（CDU）のテオ・ツヴァンツィガーは，つぎのように述べている。すなわち，当時のドイツサッカー連盟のモチベーションとは，たとえドイツが「ヨーロッパに友人をもたない」のだとしても，「2006年のFIFAワールドカップを通じて世界に対し，ドイツ人が新たな恐怖を引き起さないということだけでなく，しっかりとした民主的な国家であることをみせたい」という部分にあったと述べている (Zwanziger 2007: 16)。こうした状況から，ドイツにおけるパブリック・ビューイングは，公共空間において多様な人々が参加したと捉えることで，外国（人）からの肯定的イメージを得る機会として機能したと考えられる。

5 パブリック・ビューイングに参加する
若者の語りから考える〈にわか〉

2000年以降に登場したパブリック・ビューイングというメディアの展開は，日本とドイツでは対照的である。また，パブリック・ビューイングに集まる人々に対する視線もまた大きく異なっていた。過去の反省から外国との友好関係を強調し，若者だけでなく多様な人々の参加を強調されたドイツに対し，日本においてはサッカーのファンでも愛国者でもないにもかかわらず国旗を振ってはしゃぐ人々の様子が批判的に語られた。さらに，未熟で無知な参加者像が若者として位置づけられ，その逸脱行為への苦言が，若者に対する批判へとスライドしていった。

公共の場で国旗を振って騒ぐ人々の様子が若者の逸脱と捉えられ，若者バッシングへと展開した日本に対し，ドイツでは，若者だけでなくさまざまな人が参加したと捉えられることで，外国人ともトラブルなく過ごし，過去のイメージを払拭した出来事として意味づけられていった。公共空間における国旗の氾濫との関係で考えてみると，つぎのようなことが言えるかもしれない。つまり，公共空間における〈にわか〉としての若者を切断し，バッシングすることで，日本国旗の氾濫を参加者の問題として追いやった日本と，若者を「さまざまな人」とともに抱え込むことでドイツ国旗の氾濫を諸外国の国旗とならべてみせ，イメージを変更しようとしたドイツ，という対比である。

さて，2021年，コロナ禍のオリンピックを開催した日本の公共空間において，一方では仕切られたゲートの向こう側の誰もいないパブリック・ビューイング会場があり，もう一方は，人々が往来に座り

込み，飲食店では提供が禁止されている酒類を飲む「路上飲み」の姿があった。路上での座り込みは，車のための場所である駐車場を「公園（Park）」へと変える試みとして，「Park (ing) Day」と呼ばれる運動が2000年代以降世界中で広がってきた。通常，パーキングは特定の日時に実行するという共通理解があるほか，SNS等の呼びかけで集まった人々によって行われるが，路上飲みは突発的・刹那的に行われるという点で異なっている。コロナ禍の若者による路上飲み文化は，結果として，非日常の常態化のなかで行われたパーキングにもみえる。これは，パブリック・ビューイングにおいて好き勝手に一時的な場をつくりだしていく日本の状況と，制度化して実行していくドイツの状況にも重なってみえる。

〈にわか〉としての若者という位置づけについて，当の日本の参加者たちはどのように感じていたのだろうか。2002年のパブリック・ビューイング参加経験について当時10〜20代だった参加者にインタビューを行ったところ[*24]，「本当のファン」ではないことを強調したり，場合によっては，本当のサッカーファンでないにもかかわらずインタビューを受けてよいのか心配すらする者もいた。たとえば，つぎのような具合である。

　　個人的な興味は，そういうワールドカップ級の，日本が出ますよみたいなそういう時に，たぶん自分一人じゃ観なくて，なんかの誘いとかがあったら観る感じで。だからうちの友だちにも，そういう欧州サッカーの深夜番組とかで観るとか，そういう人いるけど，そこまでサッカーファンではない。ないんですよ。Jリーグも観ない（笑）。スポーツ番組はあんまり観ない。スポーツニュースもたまにしか観ない。興味は，

スポーツの興味は，スポーツの興味はあんまりないかも。（中略）楽しかったと思う。その楽しかったと思う，ということをね，こう，もうスパッと言い切るだけの当時の状況が思い出せないのは，その部分にちょっと申し訳なさを感じるわけ。いや，なんかもうすごくサッカー（ファン：引用者注）の鑑みたいな人がいるとして，「もう，めちゃくちゃ楽しかったですよ，めちゃくちゃ盛り上がりましたよ，後半何分に誰々が点入れて試合に勝ったんですよ，でまた，誰々のアシストが最高だったんですよ」みたいな，そういうのが理想的なサッカーファンなんだろうけど，そんなに具体的に語れるほど物事を覚えてない（28歳，男性，2012年10月24日）。

他方で，2006年のドイツ大会におけるパブリック・ビューイングへ参加した若者へインタビューを行ったところ，参加者たち自身もまた，パブリック・ビューイング会場で外国人と仲良く過ごした経験を語った。

すごく多くの外国人ファンたちがそこにいて，僕はほかの人らと一緒に，他のチームのファンたちと一緒に試合を見るために，すごく頻繁に行ったんだ。（中略）あれは楽しかったな，それからスイス人たちとか，すごく多くの外国人がいたんだ。だから，僕はすごく頻繁にパブリック・ビューイングに行ったんだ。外国人に会いたかったから。ドイツの試合も行ったけど，僕は実質，試合と，外国人に会うために行ったようなもんだ（27歳，男性，2011年11月9日）。

同時に，この参加者はサッカー自体への興味のなさをつぎのように述べているが，特に申し訳なさそうな様子はない。

　　　僕は2006年のワールドカップの前には，サッカーをテレビで見たこともないんだ。サッカーだけでなく，スポーツをテレビで見ることがない。もちろんブンデスリーガも全く見ない。いまやっているブンデスリーガのどのチームも知らない。当時は，おそらく2006年には，もしかしたら誰がブンデスリーガで試合をしているかわかっていたかもしれない。でもいま（2011年：引用者注）とか，2008年，2010年はまったくわからない。僕は完全にどうでもいいかな（笑）。サッカーにはやっぱり興味がないんだ（同上）。

　また，別のドイツの若者は，当時のパブリック・ビューイングを，ビア・ガーデンのような地域の祭りにたとえてつぎのように述べている。

　　　私は頻繁にパブリック・ビューイングに行ったけど，そのときドイツは勝ってたし，いわゆる，信じられない，ぶっとんでる，最高，そんな調子。2006年の時は，まぁあんな感じだったわけ。私は，だから，ワールドカップを観た。だけどほかの要素はそんなに好きじゃない。だから私はW杯のサッカーファンなの。ほんとのファンじゃないの。私はそれほどそんなに興味がない。私は確かにちょっと観たことはあるけど。（中略）私たちの寮にはすごくサッカーに興味がある人たちがいて，だけど私は一度だけスタジアムに行っただけ。

私はいまどこかのチームを応援しているかというと，違う。サッカーは単純に私の世界とは違う。W杯の時はちょっとまた別だけど。でもそれは特別なことなのかな？（22歳，女性，2011年11月19日）

　公共空間においてイベントが行われれば，空間を区切り秩序を保とうとする力と，場所を開いていこうとする力は同時に働き，そこで生まれた熱気は緩やかに広がる。たとえばサッカーW杯やユーロ杯に際したベルリンのブランデンブルク門前のパブリック・ビューイングは，2006年以降のドイツにおいて恒例行事になっている。道路を封鎖するためにゾーニングがなされるものの，空間自体は開かれているため，パブリック・ビューイングの参加者たちはその雰囲気を街なかへ運んでいく。そのような場合，イベントを体験した人々はゾーンのなかで体験を完結せず街にあふれ，イベントを体験した人すべてがファンではありえない。ドイツの若者が疑問を投げかけるように，サッカーファンでないにもかかわらずW杯の時にだけパブリック・ビューイングに地元の祭りの感覚で参加するのは不思議なことではないはずだ。

　他方，2006年以降，パブリック・ビューイングが少なくとも経済的には成果をあげたことが世界中で知られていくなかで，2010年代には，一定のファンを閉じた空間に囲い込む，有料のライブ・ビューイングが台頭していく。映像視聴空間の公共空間からの撤退と有料化は，人々を媒介する空間そのものが商業化していることを意味している。

　同時に，公共空間における巨大スクリーンの広告としての側面も，ますます広く認識されるようになっている。現在では，広告代理店を

通さず，一般の人々が，遠くの都市や遠くの国にある巨大スクリーンの広告枠を購入してアイドルの誕生日を祝い，その広告を街ゆく人々に提示することも可能である。広告としての側面が強調される結果として，見知らぬ人々との一時的な集まりは，非日常的な娯楽としてコンテンツ化する。広告化することで，公共空間における仮設的な出来事は一時，メインストリームに押し上げられるが，一方であっという間に消費されてしまう。

2019年のラグビーW杯に際して，「にわかファン」が好意的に報じられたのは，結局のところ，パブリック・ビューイングをめぐる空間開発ビジネスがますます洗練され，それが経済的利益を生むことになったからだろう。彼らが「にわかファン」ですらなく，たんなる〈にわか〉であったとしたら，その評価は2002年から現在まで，変わらないままだったのではないか。

しかし，ここまでみてきたように，公共空間には，お金になる「にわかファン」に限らず，何者でもないただの〈にわか〉が存在できることこそが重要なのだ。パブリック・ビューイングという視聴形態に触れた若者は，それぞれが創造的なやり方でスクリーンを共有しようと試みていた。〈にわか〉は，公共空間において，相互行為の行われる場を生み出したという，そのプロセスにおいてこそ注目すべきなのである。パブリック・ビューイングという視聴形態に触れた若者は，それぞれが創造的なやり方でスクリーンを共有しようと試みていた。〈にわか〉は，公共空間において，相互行為の行われる場を生み出したという，そのプロセスにおいてこそ注目すべきなのである。

パブリック・ビューイングは，いつでもどこでも視聴可能な放送を，あえて公共の場で見知らぬ人と集まって視聴する行為である。しかも，その空間において，人々はかならずしも放送内容に精通したファ

ンではなく，画面を見ない人すらいる。参加者は放送される内容に紐づけられた存在ではない。相互行為は，そこに居ながらにして居合わせる自分を客観視する視聴者と，彼らを取り巻く大勢の視聴者たちとの間におよぶ。日本において，参加者は若者とみなされることで批判されたが，彼らは相互行為の行われる公共空間を一時的に生み出しもするのである。

　最後に，本研究はJSPS科研費（若手研究）20K20137の助成を受けたものです。

註

＊1——朝日新聞 2020年2月8日朝刊「（ことばサプリ）にわかファン　ラグビー熱で好意的な印象も」

＊2——Asia Times, Land of the rising rugby ball, 11.4.2019.（https://asiatimes.com/2019/11/land-of-the-rising-rugby-ball/　2021年8月31日閲覧）

＊3——EY Japan『ラグビーワールドカップ2019™　日本大会 大会成果分析レポート　』2020.（https://www.ey.com/ja_jp/library/report/2020/ey-japan-report-2020-08-14-02-rugby-world-cup-2019　2021年8月31日閲覧）

＊4——速水健朗「「広場」が都市を変える？　イベントで賑わう街・渋谷で始まる新たな試み」2019年12月26日（https://blogos.com/article/425858/?p=1　2021年9月11日閲覧）

＊5——毎日新聞2002年4月4日地方版／宮城「サッカー　日韓W杯　世界のプレー，大型スクリーンで観戦——概要まとまる／宮城」

＊6——朝日新聞 2001年11月7日朝刊「場外観戦にFIFA難色（ウエスト　日韓W杯に向けて）[西部]」

＊7——読売新聞東京版2002年6月15日朝刊「サッカーW杯　日本，決勝T進出　乱れ飛ぶ紙吹雪　抱き合うサポーター＝茨城」

＊8——読売新聞大阪版2002年6月12日朝刊「W杯, 稲本先輩を全校生で応援　公開

放映に「待った」　JAWOC「契約必要」」

＊9——読売新聞東京版2002年6月18日朝刊「サッカーW杯　えーっ，ダメなの！？　場外観戦場増設，不可能に＝宮城」

＊10——毎日新聞2002年6月2日地方版／群馬「サッカー　日韓W杯　松田直樹選手の母校・相生中，体育館での放映断念」

＊11——読売新聞東京版2002年6月11日夕刊「無承認へっちゃら　"私設"W杯観戦が花盛り」

＊12——朝日新聞2002年6月11日朝刊「マナー悪く，サッカーW杯中継中止へ　豊田スタジアム［名古屋］」

＊13——読売新聞東京版2002年6月10日朝刊「サポーターが騒動　横浜，埼玉，新宿…／W杯サッカー」

＊14——読売新聞東京版2002年6月19日朝刊「消火器噴出させサポーター逮捕　W杯中継開始前，横浜文化体育館＝神奈川」

＊15——読売新聞東京版2002年6月15日朝刊「サッカーW杯　日本，決勝T進出　乱れ飛ぶ紙吹雪　抱き合うサポーター＝茨城」

＊16——読売新聞東京版2002年6月10日朝刊「サッカーW杯　日本勝利に歓喜！！　駒場埋めた青い波　絶叫1万5000人＝埼玉」

＊17——読売新聞東京版2002年6月11日朝刊「サッカーW杯　14日の日本戦パブリックビューイング　駒場での開催中止＝埼玉」

＊18——読売新聞東京版2002年6月12日朝刊「さいたま市，W杯パブリックビューイング中止　「なぜ」「当然」賛否両論＝埼玉」

＊19——朝日新聞2014年06月23日朝刊「（声）若い世代 W杯，真の「サポーター」なら」

＊20——Süddeutsche Zeitung Magazin 12/2006.

＊21——実際には，日本において2000年前後からすでにパブリック・ビューイングという言葉は使われていた。

＊22——『FOCUS』26/2006:104-105.

＊23——『FOCUS』26/2006:96.

＊24——本章で紹介した聞き取りの事例は，筆者がこれまで，2002年日本と2006年ドイツにおいてパブリック・ビューイングに参加した，日本国籍とドイツ国籍をもつ者それぞれ5人ずつに対して個別面接を行った際に得られたものである。参加者は母集団の特定が容易でないことから，標本抽出は妥当性を重視したサンプリングを採用している。聞き取りは，日独においてそれぞれ現地語（日本語／ドイツ語）で行い，イ

ンタビューガイドを用いながらも個人の語りの自由度を重視し，想定範囲外の回答をとり込むことができる半構造化面接として実施した。そのうえで，データの個別性を重視しつつ一般的理論化を試みる「グラウンデッド・セオリー・アプローチ」を分析に用いている。筆者の分析の特徴は，分析プロセスを図に落とし込み，可視化しながら理論構築を目指すデザイン工学やユーザビリティ研究で用いられている手法をオーディエンス分析に活用する点である。インタビュー手法の詳細については，立石（2015）を参照のこと。

参考文献

浅野智彦, 2006,「若者論の失われた十年」浅野智彦編『検証・若者の変貌』勁草書房: 1-36.

上野俊哉, 2003,「ワールドカップと都市の文化／政治」黄順姫編『W杯サッカーの熱狂と遺産──2002年日韓ワールドカップを巡って』世界思想社: 2-21.

遠藤薫, 2004,「情報〈公共〉空間としての都市」今田高俊・金泰昌編『都市から考える公共性』東京大学出版会: 61-83.

小川豊武, 2016,「『若者』はいかにしてニュースになるのか」川崎賢一・浅野智彦編著『〈若者〉の溶解』勁草書房: 53-84.

香山リカ, 2002,『ぷちナショナリズム症候群──若者たちのニッポン主義』中公新書.

黒田勇, 2002,「日本人が経験した「われわれ」と「彼ら」」, フジテレビ編成制作局調査部, AURA, 154: 34-38.

杉本厚夫, 2003,「漂白されたナショナリズム──ジャパニーズ・フーリガンの誕生」黄順姫編『W杯サッカーの熱狂と遺産──2002年日韓ワールドカップを巡って』世界思想社: 66-82.

長澤信夫, 2002,「デジタル世代のコミュニケーション文化を展示する──2002年サッカーワールドカップのパブリックビューイングをめぐる考察　日本編──〈街頭テレビ〉が復活したワールドカップ」『展示学』34: 82.

南後由和, 2016,「商業施設に埋蔵された『日本的広場』の行方──新宿西口地下広場から渋谷スクランブル交差点まで」, 三浦展・藤村龍至・南後由和著『商業空間は何の夢を見たか──1960-2010年代の都市と建築』平凡社: 69-166.

立石祥子, 2015,「質的データ分析のビジュアル・デザイン──グラウンデッド・セオリー・アプローチにおける分析プロセス再考」『情報文化学会誌』22（1）: 40-47.

Harney, Klaus und Jütting, Dieter H., 2007, "Massenhaftes Zuschauen, FIFA-WM und Projekt Klinsmann: Beobachtungen zur FIFA-Weltmeisterschaft 2006," Jütting, Dieter H. (Hrsg.), *Die Welt ist wieder heimgejehrt, Studien zur Evaluation der FIFA-WM 2006*: 11-23.

Hartmann, Maren, 2008, "Fandom without the trimmings? EURO 2008, public viewing and new kinds of audiences, Democracy, Journalism and Technology," *New Developments in an Enlarged Europe*: 256-266.

Jütting, Dieter H, Schönert, Daniel und Reckels, Florian, 2007, "Die FIFA-WM 2006 und Gästebilder: Eine Analyse, Jütting, Dieter H (Hrsg.), *Die Welt ist wieder heimgejehrt, Studien zur Evaluation der FIFA-WM 2006*: 119-146.

Maennig, Wolfgang and Porsche, Marcel, 2008, "The Feel-good Effect at Mega Sports Events. Recommendations for Public and Private Administration Informed by Experience of the FIFA World Cup 2006", *North American Association of Sports Economists*, 08(17): 1-27.

Pilz, Gunter A., 2007, "Evaluation und wissenschaftliche Begleitung des Fan- und Besucherbetreuungskonzeptes der FIFA-WM 2006", Jütting, Dieter H., (Hrsg.), *Die Welt ist wieder heimgejehrt, Studien zur Evaluation der FIFA-WM 2006*: 73-98.

Schulke, Hans-Jürgen, 2007, "Fan und Flaneur: Public Viewing bei der FIFA-Weltmeisterschaft 2006 – Organisatorische Erfahrungen, soziologische Begründungen und politische Steuerung bei einem neuen Kulturgut", Jütting, Dieter H., (Hrsg.), *Die Welt ist wieder heimgejehrt, Studien zur Evaluation der FIFA-WM 2006*: 25-71.

Ufer, Britta, 2010, *Emotionen und Erlebnisse beim Public Viewing*, Dissertation zur Erlangung des sozialwissenschaftlichen Doktorgrades an der Sozialwissenschaftlichen Fakultät der Georg-August-Universität Göttingen.

Zwanziger, Theo, 2007, "Mit Fußball ins 21. Jahrhundert, Trosien", Gerhard und Dinkel, Michael (Hrsg.), *Sportökonomische Beiträge zur FIFA Fußball-WM 2006*, abcverlag, Heidelberg:15-22.

あとがきにかえて

メディアの背後,
社会の変容がもたらしたもの

加藤裕康

　先行研究を見わたしてみると,若者論の大きなテーマの一つは,アイデンティティであった。それは青年心理学だけでなく,青年社会学においても同様であった。移ろう環境のなかで,それでも感じる確かな自分——なぜアイデンティティが問題なのだろうか。

　若いということは,将来をどう生きるか,自分が何者になるかを,自由に思い描くことができる時期ということだ。今後の人生を自由に選択できる,希望に満ちた時期であるともいえよう。それはまた,進学,就職,結婚,どこに住みどう生活していくのか,何ひとつ確定していないことを意味する。進学や就職など人生のある段階ごとに,関係する人間が入れ替わる。そのつど,自分のあり方も変えていくことができる。だからこそ,自由を謳歌できる。近代は,そうした自由な社会を形成してきた。そのような流動的な社会は,しがらみから解放させ,ある側面では人を生きやすくさせた。

　しかし,近代以前の社会は,そうではなかった。生まれた村から出ることもなく,親の仕事を継ぎ,共同体のなかで結婚し,子どもを生み育て,死んでいく。固定的な関係のなかでは,多くのしがらみがあり,慣習や掟に背いては生きていけなかった。科学や医療技術が未発達なため,成人前に他界する子どもも少なからずおり,農作物の収穫

は不安定で暮らしを脅かした。そのため，強固な共同体でつながり，互いに助け合っていかなければならなかった。身体的にも，経済的にも，政治的にも，文化的にも共同体の基盤になっていたのは，氏神や道祖神，神道といった宗教だった[*1]。

　固定的な社会ということは，確固とした共通の価値を人々が共有していただけでなく，互いの存在を認知していることを意味する。ジグムント・バウマンが言うように，固定的な関係（コミュニティ）は，悪い側面ばかりでない。相手の足を引っ張り合い，相手に自分の意見を伝え合意を得ようと苦心するような，つねに誰かに理解を求めるコミュニケーションを必要としない。互いの価値観もどこの誰かもわかっているため，相手の気持ちを察し合うようなコミュニケーションが自然と成立する。そのような社会では，現在のように，自分の将来について不安になり，思い悩むことはない。アイデンティティの形成が問題になることはほとんどなかったといえよう。アイデンティティは，コミュニティやコミュニケーションと並んで，近代になって意識された概念のひとつであった。そこには，安心して信頼し合えるような安定した関係が決定的に失われてしまったという感覚が根底にはある。流動的で不安定な関係，環境のなかで，アイデンティティは周囲から与えられるものではなくなり，みずからが探し求め獲得していくものへと変化していった。

　それでは，ばらばらになってしまった関係のなかで，どのようにして社会は成立するのだろうか。決定的に人びとの関係が変わってしまった近代とは，どのような時代であるのか。社会学はひとつに，そうした近代における社会の様態を探究する学問として立ち上がってきた。

　社会は，はっきりと目に映るものとしてそこにあるわけではない。

ざっくりと言えば，社会とは，ヒトの間にある関係（つながり）を指す。社会はそうした関係をコミュニケーションで取り結ぶ。社会学では，その関係を社会システム，システムの要素を行為やコミュニケーションともいったりするが，多様で複雑な社会になればなるほど，その内部は周囲から見えにくくなる。そのような分断された関係のなかで，アイデンティティやコミュニティ，コミュニケーションが，いずれもまだ確固とした自己を確立していない若者にとって切実な問題となる。

　若者論においてアイデンティティがたびたび取り上げられてきたのは，こうした背景があったからだ。ただし，そうした概念自体は「若者」を超えた「社会」の問題を含む。だからこそ，若者について考える際には，量的調査や質的調査，あるいは理論的な検討を行いながら，ほかの世代や文化と比較し，「翻訳」可能なモデルなり事例なりを提示できるかどうかが求められる。

　ここで「翻訳」という表現を使ったのは，異文化を理解するためには，その文化の言葉や行動様式の意味を知らなければならないからだ。社会が複雑で分断されているなかで，当事者たちが使う言葉や行動様式をそのまま羅列しても，誰にもその意味は伝わらない。その文化を理解するためには，「翻訳」が必要になる。言い換えるならば，固有の文化を知ることが重要になる。

　ここでいう文化とは，ある集団内で通じるコミュニケーションの範囲のことである。それはコード体系と言い換えることができる。ある事物，現象，振る舞いが何を意味するかは，国や地域，集団によって異なる。たとえば，相手を褒めたつもりでも，文化が異なれば，けなされたと受け取られる可能性がある。しかも，コミュニケーションは，単純にコードを共有していれば通じ合うわけではなく，多分に誤解に

満ちあふれている[*2]。それにもかかわらず，私たちの社会が成立しているのはなぜなのか。いかにしてコミュニケーションが成立しているかを理解することは，その文化の一端を解き明かすことでもあり，若者文化を研究するうえでも重要となる。

　細分化した文化が無数に点在する状況において，若者がメディアをどう意味づけ，活用しているのか。あるいは，若者が社会からどう意味づけられているのか。メディアと若者文化のかかわりを考えるうえで，本書が議論の端緒を開くことができたのであれば幸いである。

註

[*1]——宗教とは，合理的に制御できない現象に対して意味づけようとする行動や制度のことであるが，血でつながった氏神を中心に親族が結束する村落共同体は，確かなつながりを築くと同時に，他村の人間を排除して成り立っていた。この排除は，ひとつには医療が発達していない時代において，人の移動がもたらす疫病などを抑制するためだったとも言われる。作物の豊穣を願う祭りや体力の限界を超えた舞，寺社を中心とした商圏など，社会や文化を考えるうえで宗教は非常に重要である。いまでも占いやおみくじといった宗教的行為は至るところで散見されるが，若者論においてたびたび宗教，聖なるものが論じられてきたことにも留意されたい。非合理的なものを排除してきた近代にあって，宗教的なものが形を変え，なぜ何度も「復活」してきたのか。宗教や共同体に頼らなくても，自立した人間をつくる近代のプロジェクトは，そう簡単ではなかった。なお，日本において宗教は，一般的に毛嫌いされているが，そのような人でも正月の初参りや合格祈願，お食い初めや七五三，お盆の墓参りなど宗教的行事をおこなっている。

[*2]——対面コミュニケーションの複雑さについては，長谷（1996）を参照されたい。

参考文献

中山太郎, 1930, 『日本若者史』春陽堂.

長谷正人, 1996, 「遊戯としてのコミュニケーション」大澤真幸編『社会学のすすめ』筑摩書房.

渡辺潤監修, 2021, 『新版　コミュニケーション・スタディーズ』世界思想社.

Bauman, Z., 2001, Community: Seeking Safety in an Insecure World, Polity Press. (奥井智之訳, 2008, 『コミュニティ――安全と自由の戦場』勁草書房.)

Giddens,A., 1990, The Consequences of Modernity, Polity Press. (松尾精文・小幡正敏訳, 1993, 『近代とはいかなる時代か?――モダニティの帰結』而立書房.)

索引

サ

タ

欧文

編著者紹介 (掲載順)

加藤裕康 (かとう・ひろやす)

1972年, 神奈川県生まれ
東京経済大学大学院コミュニケーション学
研究科博士課程修了 博士 (コミュニケー
ション学)
関東学院大学非常勤講師
専門：社会学, コミュニケーション論
おもな著作：『ゲームセンター文化論—メ
ディア社会のコミュニケーション』(新泉
社, 2011年),『〈オトコの育児〉の社会学
—家族をめぐる喜びととまどい』(共著, ミ
ネルヴァ書房, 2016年),『新版 コミュニ
ケーション・スタディーズ』(共著, 世界思
想社, 2021年)

小寺敦之 (こてら・あつし)

1977年, 京都府生まれ
上智大学大学院文学研究科博士後期課程修
了 博士 (新聞学)
東洋英和女学院大学国際社会学部教授
専門：情報行動論, メディア・コミュニケー
ション
おもな著作：「メディアの効用認識とモラー
ルの関連性—メディアは『幸福な老い』に寄
与するか」『社会情報学』7(3): 63-76, 2019.,
「日本における『インターネット依存』調査
のメタ分析」『情報通信学会誌』31(4): 51-
59, 2014.,「対人関係の親疎とコミュニケー
ションメディアの選択に関する研究」『情報
通信学会誌』29(3): 13-23, 2011.

山内 萌 (やまうち・もえ)

1992年, 東京都生まれ
慶應義塾大学政策・メディア研究科後期博
士課程在籍
専門：社会学, メディア論, 情報社会論
おもな著作：「性的自撮りにみる『見せる身
体』としての女性」『現代風俗学研究』20:
53-62, 2020.

山森宙史 (やまもり・ひろし)

1987年, 愛知県生まれ
関西学院大学社会学研究科博士後期課程修
了 博士 (社会学)
共立女子大学文芸学部専任講師
専門：メディア史, マンガ史, サブカル
チャー研究
おもな著作：「『コミックス』のメディア史
—モノとしての戦後マンガとその行方』(青
弓社, 2019年),『マンガ探求13講』(共著,
水声社, 2022年)

立石祥子 (たていし・しょうこ)

1985年, 愛知県生まれ
名古屋大学大学院国際言語文化研究科博士
後期課程修了 博士 (学術)
中部大学人文学部助教
専門：メディア論, 文化社会学
おもな著作：『現代メディア・イベント論—
パブリック・ビューイングからゲーム実況
まで』(共編著, 勁草書房, 2017年)

メディアと若者文化

2023年10月15日　第1版第1刷発行

編著者

加藤裕康

著者

小寺敦之
山内萌
山森宙史
立石祥子

発行

新泉社

113-0034 東京都文京区湯島1-2-5　聖堂前ビル

電話 03-5296-9620／ファックス 03-5296-9621

印刷・製本

萩原印刷株式会社

©Kato Hiroyasu, 2023　Printed in Japan

ISBN978-4-7877-2310-9　C1036

ブックデザイン――堀渕伸治◎tee graphics

ゲームセンター文化論
メディア社会のコミュニケーション

加藤裕康 著

四六判360頁／2800円＋税

ゲームセンターとはいかなる空間なのか。自立的なコミュニケーションのありようと，今日の若者文化の特質を明らかにしていく。

ロックとメディア社会

サエキけんぞう 著

四六判336頁／2000円＋税

テレビ，ヴィデオ，ネットといったメディアの進展とともに世界中の若者に浸透し，メディアの拡大を支えてきたロックの歴史を解き明かす。

入門 家族社会学

永田夏来・松木洋人 編

A5判240頁／2300円＋税

「家族社会学の基本をおさえる」「家族の今について理解を深める」「家族社会学の幅の広さに触れる」の3つのパートで学ぶ新しい入門書。